传记丛书

世界名人

马可波罗

北方妇女儿童出版社

上

杨政和 ⊙ 编著

图书在版编目（CIP）数据

　　马可波罗 / 杨政和编著. —长春：北方妇女儿童出版社，2010.5
（2016.1 重印）
　　（世界名人传记丛书）
　　ISBN 978 - 7 - 5385 - 4617 - 0

　　Ⅰ. ①马… Ⅱ. ①杨… Ⅲ. ①马可波罗（1254～1324）–传记–青少年读物 Ⅳ. ①K835.465.89 – 49

　　中国版本图书馆 CIP 数据核字（2010）第 072273 号

世界名人传记丛书

马可波罗

总 策 划：李文学　刘　刚

编　　著：杨政和

责任编辑：李少伟

插　　图：戴　华

出版发行：北方妇女儿童出版社

　　　　　（长春市人民大街 4646 号　电话：0431 – 85640624）

印　　刷：北京一鑫印务有限责任公司

开　　本：650 × 950 毫米　16 开

印　　张：14

字　　数：144 千字

版　　次：2010 年 5 月第 1 版

印　　次：2016 年 1 月第 3 次印刷

书　　号：ISBN 978 - 7 - 5385 - 4617 - 0

定　　价：59.60 元（上、下册）

质量服务承诺：如发现缺页、错页、倒装等印装质量问题，可向印刷厂更换.

前言

　　《世界名人传记丛书》精选出来的世界名人完全是基于客观公正的立场，兼容古今中外，从教育、文学、科学、政治及艺术等方面选出最具影响力的著名人物。我们在向少年读者介绍世界上这些著名人物时，把他们面临危机的镇静，驾驭机遇的精明，面对挑战的勇气，别出心裁的创新，以及他们的志向、智慧、风格、气质、情感，还有他们的手段、计谋，以及人生的成功和败笔，一并绘声绘色地勾画出来。让少年读者跟随他们的脚步，去认识一个多维的世界，去体验一个充满艰辛、危机和血泪，同时又充满生机、创造和欢乐的真实人生。

　　为了顾及少年读者阅读的兴趣和习惯，这些传记都避免正面冗长的说教性叙述，而多从日常生活中富于启发性的小故事来传达名人所以成功的道理，尤其是着重于他们年少时代的生活特征，以期诱发少年读者们的共鸣。尽管是传记作

马可波罗

品，我们也力求写得有故事性、趣味性。以人物的历史轨迹为骨架，以生动的故事为血肉，勾勒出名人们精彩的人生画卷；多用有表现力的口语、短句，不写套话、空话，力戒成人化，这是我们在风格和手法上的追求。

书中随处出现的精美生动的插图，乃是以图辅文，借以达到图文并茂的目的。每一个名人传记的文后，都附有简单的年谱，让少年读者能够从中再度温习名人的重要事迹。

希望我们的少男少女在课外阅读这些趣味性浓厚而立意严肃的世界名人传记时，能够于不知不觉之中领悟到做人处世的人生真谛。

2010 年 8 月

序言

在几千年前，从中国到欧洲去，只有一条很窄的小路可以通行，而且还必须要爬过那叫做"世界屋顶"的帕米尔高原。这条小路的名字叫做"丝路"。

第一次打通这条"丝路"，把东洋和西洋紧紧联结起来的人，就是马可波罗。

从此以后，东方和西方这两个世界才变成了一个世界。

马可波罗的家乡是著名的"水上都市"威尼斯，他刚从家乡出来的时候，还很年轻，回到家乡的时候，已经是四五十岁的人了。

在他旅行的时候，有时爬山越岭；有时彷徨在无垠的沙漠中；有时也碰到过红胡子马贼队的打劫；有时因为天气炎热而病倒；有时由于气候的严寒而冻僵。这是任何冒险小说都想像不到的，是一连串富于刺激性的故事。

虽然碰到这么多灾难和危险，但是，他从来

没有怨天怨地地诉过苦，从来也没有丧魄失魂过，从来没有哼过一声。

无论怎样痛苦，他总是快快活活地、生气勃勃地勇往直前。

正因为这样，马可波罗才能把称为"世界之惊异"的东亚中国的伟大，传达给西洋人知道。

他这种不屈不挠的坚强毅力，真是值得我们佩服。

青年朋友们！你们要知道，这才是创造新世界的原动力呢。

编者 识

目录

SHIJIEMINGRENZHUANJICONGSHU

马可波罗

世界名人传记丛书

SHIJIEMINGRENZHUANJICONGSHU

SHIJIEMINGRENZHUANJICONGSHU

马可波罗

水都威尼斯

挂有青底银穗子，当中并挂着三只
黑色小鸟旗帜的，正是波罗家的船。

梦游中国

噼喳——，噼喳——波浪冲击船舷的响声，把正在睡觉的少年给吵醒了。早晨的海潮好像是涨了上来。

拱形的鲁易桥在头顶上出现。

"喔，喔——"

少年本尼特打了一个大呵欠，伸了伸懒腰，掀开了盖在身上的破烂被子，抽个冷子就爬了起来。

水都威尼斯所特有的半月形小船，因此就突然晃来晃去地摇荡不已。

少年本尼特昨晚做了一个很奇怪的梦，梦见父亲正划着船桨，而他就坐在船舷的边缘。

半月形的小船在海上迅速地前进，渐渐抵达了一处白色的沙滩，海边生长着松林，并有一座红色的五层宝塔耸立着。穿着紫色和绿色漂亮丝绸衣服的仙女正在那儿弹琴。

"这就是契丹国哟！"

父亲指着说。那时的欧洲人把中国叫做契丹国。

在他们游览的时候，有一种像花瓣似的白色东西，从天空纷纷降落。

"本尼特，这就是雪啊！"

生长在热带地方的本尼特，这回算是头一次见到雪。

"呀，真好看，好漂亮啊！"

当他心里正在这样想的时候，海、沙滩、松林，以及五层宝塔等等都统统变成了白颜色。在这一片银白色的世界里，有一只白色动物慢慢出现了。

"哎呀，白熊来了！"

他很想逃走，但是，吓得浑身一个劲儿直打哆嗦，甫说跑，连动也动不了。

正在这个危急的时候，周围突然一黑，又有一只大鹏鸟，展开像屋顶那样大的大翅膀，飞到他的头上，用它锐利的爪子抓住本尼特的脖子，然后飞上天空去了。

"哎呀，爸爸！"

他不知不觉地大叫一声，突然就从梦中惊醒了。

现在虽然已经是5月底了，可是，屋子外边还是有点冷。也许是因为把半月形的小船系在桥底下，一个人裹着破烂的棉絮在睡觉，所以他才做这种梦吧！

哈欠——

本尼特打了一个大喷嚏，解开缆绳，咕地一声，按上了木桨。

天还没有亮。

早晨的雾气弥漫在水面上，房屋层层叠叠地排列在两边的岸上，昏昏欲睡的灯光，半暗不明地由各屋子的窗口透射出来。

嘎——吱，嘎——吱——

本尼特的木桨划出这样的响声，半月形的小船在墨黑的水上滑行前进。

"呀，肚子饿了！"

本尼特自言自语地说。回想起昨天中午只吃了一片面包，一直到现在还没有吃东西呢！那有什么办法呢！自从去年父亲死了以后，留下的遗产，只有这条破船。今年才13岁的本尼特，只有靠它来维持生活。

本尼特想到：

"早晨很早就去钓鱼的人，或许会来搭船也说不定。要是这样的话，我就可以赚到早饭吃了。"

从山上吹来的风，把晨雾吹散了，四周顿时明亮起来。

慢慢明亮的东方空中，只有一盏孤灯，还在圣马可教堂的圆屋顶上闪亮着。

半月形小船沿着黎杜河顺流而下。

这时候，街上有一幢大房子的三楼窗户打开着，有一个少年的脸出现在窗口。他的年纪好像比本尼特大两三岁的样子。

"婶娘，您来看看，有一只大帆船进港了！"

"哦，真的吗？马可！"

"这次一定是爸爸的船，不会错。那，您看！您看那船上插着的旗子就晓得了。"

过了一会儿，那被称为婶娘的老妇人，就同那个少年一起出现在窗口。

"距离太远了点，婶娘也许您还看不清楚……"

少年非常热烈地说：

"绝对不会错。青底子白穗子，当中绣着三只黑色小鸟。这确确实实是我们波罗家的船徽。

婶娘，我马上就去迎接它。快点准备船吧！快点！快点！"

"不过，马可，船夫呢……"

"哦，是的。婶娘已经把船夫给开除了。"

"我们波罗家绝对不能雇用说谎话的小偷呀！"

少年急得直跺脚，乱嚷乱叫地说：

"这话是不错，可是，一下子就把两个人都给撵走了……碰上了有要紧事情的时候，可就来不及了，那不是很糟糕嘛！"

本尼特这时候恰巧经过，从河上大声叫道：

"少爷，你要是想雇小船的话，这里有啊！"

"哦，你可以送我去吗？送到港口！"

"唔，是的，我送你去。快得很！"

威尼斯这个地方是水上都市，街上都是河，没有河的地方，也开辟了运河。所以，在这儿住的无论是哪一家，他们的大门都是朝向河水的，就和一般城市的住家门都开向街道一样。

过了一会儿，大门打开了，披着红色披风的少年出现在石头台阶上。今天他穿了一件很合身的绿色天鹅绒做的短衣裤，腰间挂着一把短剑，头上戴着一顶装饰有白色羽毛的帽子。威风凛凛，神气十足。

少年一纵身就轻飘飘地跳上了本尼特的小船，说道："拜托拜托，开到港口去，越快越好！"

黑色小鸟的旗帜

小船沿着黎杜河前进，一阵阵的海风迎面吹来。因为是顶着风逆划，所以，饿着肚子的本尼特感觉非常吃力。

但是，本尼特不屈不挠地卖尽力气，两个膀子使劲地划。多亏了老天爷的保佑，今天可以不用挨饿了。

每次咕噜——咕噜——地划着桨，总是看见碧绿色的海水，在早晨的太阳照射下，发出闪闪的银光。

睁大了眼睛一望，看见掀起波浪开进港来的，正是船头挂着圣马可教堂金黄色狮子旗帜的一艘商船。

"少爷，就是那艘船吗？"

马可趾高气扬地高举右手，指着那条船说：

"你看，那一面黑色小鸟的旗帜！"

对了，挂在那桅杆顶上，随风飘扬的旗帜，正是以非常醒目的青色底子，绣着白色银穗，当中排列着三只黑色小鸟儿——这是波罗家著名的"黑小鸟旗帜"。

因为马上就要靠码头了，所以那条商船正在卸下帆篷，同时船两旁出现了几十把桨，分列成三排，乍一看去，简直像蜈蚣一样。船夫们高唱着船歌，开始划船前进。

"呀！他们是从东方那边回来的吗？"

"是的，我的父亲是从东方……很远很远的东洋回来的。"

"是从君士坦丁堡回来的吗？"

当时，有"海上女王"之称的威尼斯商船队，他们的贸易范围不仅遍及地中海，还远到大西洋一带。所以，就连本尼特这样的小孩子们，也知道这些地名。

"嗯，最初是到君士坦丁堡——以后再到更远更远的地方。"

"那么，到印度？"

"不对，到更远的东方。"

"更远的东方？"

"到中国。"马可答道。

"中国！"

本尼特听了，不免大吃一惊地睁大了他那可爱的眼睛，双手努力划着船，脑子里面却突然映出了他今天早晨在梦里看到那宝塔上的仙女。

"那么远的地方！必定得耽搁得很久喽！"

"一共去了16年……还是在我出生以前，从威尼斯出发，一直到今天才回来。今年4月间，从阿克列港来信说：已经到亚美尼亚，不久就可以装载很多稀奇古怪的货物回来。所以，我天天都在等候他们归来。"

"哦！16年！"

这是多么长久的旅行啊！不过，话说回来，无论怎么长久，只要还活在世界上，总有会面的一天。假如是死了呢？那么，无论再等多么久，一辈子也就都不能见面了。

半月形小船终于靠在那刚才到达的大帆船旁边了。

"爸爸！您在哪里？"

少年马可仰起头来，望着甲板大叫大嚷起来。这时有一位满脸胡须的陌生人出现了。

"你是谁？"

"我是马可。是尼古拉·波罗的儿子……马可·波罗。"

"什么？马可·波罗？"

那个水手退回舱里去了，听到甲板上有些吵吵闹闹的声音，不久，就出来了两个人。

一个人是瘦长的高个子，另外一个人是矮胖子，两个人的身体都很结实，脸上都晒得黑黑的。

"马可·波罗在哪里？"

"就是我。我是马可·波罗，请你快点让我跟我的父亲会面吧！"

于是，那个瘦高个子的眼睛突然闪闪发亮。

"哎呀！你就是马可……赶快上来！我就是尼古拉。"

"噢，您就是爸爸呀！"

少年渴望爸爸回来已久，不禁高兴得跳了起来。于是，他很迅速地沿着船上的梯子，很快就爬上了甲板，一会儿就看不见了。

本尼特也发呆了。如果是被人家白白地坐了船不给钱，那才糟糕呢！

他在小船上大声喊叫：

"少爷，马可少爷……你还没有给我船钱呢！"

马可笑嘻嘻地出现在甲板上，说道：

"啊！对不起，对不起，我差点忘了。喂！这就

给你。"

于是，把一元硬币扔在小船上。

"少爷，我没有零钱找你。"

"不用找了，都给你。"

"咿！给这么多……多谢您了，多谢……那么，再见。"

从圣尼古拉教堂开始

那天，真是幸运。

本尼特从马可那里得到了一笔丰厚的船钱，把肚子填饱了热气腾腾的通心面后，就把半月形小船停泊在鲁易桥下，大做其游历中国的美梦了。

本尼特在人群嘈杂的黄昏街道上散步，不知不觉地走到了圣尼古拉教堂来。这是父亲在世的时候，时常带他来玩的地方。在父亲去世以后，每逢有高兴的事情，或是遇到伤心的事情时，本尼特总是要到这个教堂里来散散心。每次来这里，他的心里总是觉得会碰到父亲似的。

教堂里面黑黝黝的，仅有蜡烛的光芒在闪烁发光，里面一个人都没有。本尼特向右边靠墙坐下。

那里挂着圣尼古拉长老手上停着鸽子的画像。本尼特跪下来，将买来的两支蜡烛点燃。

圣尼古拉长老慈祥的脸出现在黑暗里，本尼特认为他非常像已经去世的父亲。

本尼特将两只可爱的小手合在一起祷告：

"上帝，您今天赐给我很多钱，我真感谢。明天请您再赐给我很多搭船的客人。还有……还有是……请您准许我到中国去。"

这篇祷告的内容和父亲以前教给他的，稍微有点不同。做完祷告以后，他抬起头来一看，圣尼古拉长老好像笑着在说：

"好，好，本尼特呀！我一定想办法带你到中国去。"

本尼特非常满意地走出了教堂。

他在教堂外，忽然碰到一个怪人。那个人穿着闪闪发亮的宽大衣服，是个陌生的外国人，独自一人站在石头台阶下发呆。

"老伯伯。"本尼特喊了一声。

"老伯伯，您是从什么地方来的？"

这位脸形扁平而呆板、穿着奇装异服的人，笑嘻嘻地答道：

"中国。"

本尼特一听到这句话，他的心里，好像又突然看见了昨晚梦见的幻影。

"老伯伯是中国人吗？"

"是的。"

"中国人都是穿这种衣服吗？"

"是的。"

"这衣服的质料是丝绸吗？"

"是的。"

无论你问他什么，他总是答"是的"。大概是不大会讲意大利话吧！

"老伯伯，是到这里来参拜圣地的吗？"

"不是的，我是来游览观光的。"

"那么，以后呢？"

"回波罗家去。"

"那请您坐我的小船去吧！"

本尼特这样一说，这位中国人就睁着大眼睛，觉得有点奇怪。

　　"哦，你这小孩子，也有小船?"

　　"嗯，真正说起来，这船是我父亲的，他老人家已经去世了。"

　　"你母亲呢?"

　　"我母亲也……"

　　"那你这孩子，只是独自一个人吗?"

　　"是的。"

　　本尼特回答了以后，脸色突然变得很悲伤的样子。于是，这位中国客人就用左手很亲切地抚摸着本尼特的头，好像安慰他、鼓励他似的，开始向前走去，并且说道：

　　"喂! 走，我们一起到波罗先生家去。"

　　哪晓得，一块儿走到河边一看，看见另外一条半月形小船也停在那里，有一个名叫马西拉的心地很坏的船夫站在那里。

　　本尼特心里想：

　　"碰到这个坏家伙，可真糟糕!"

　　这个家伙一碰到外国人，就乱要船钱，乱敲竹杠。凡是父亲朋友辈的船夫，都认为小本尼特可怜，把自己的船客让给他，但是马西拉这个家伙，则专门欺负弱小的人，抢夺他的船客。

　　"啊，中国老爷，我在这里敬候大驾很久了，请来搭乘我的船吧!"

　　他一面说，一面装着笑脸，打算把客人拉到自己船上去。

外强中干

这位中国人用含糊不清的意大利语加以拒绝，他说：

"不要，我已经雇妥这小孩子的船了。"

哪晓得，不知道马西拉在什么时候竟把中国人的手腕子攥住了，紧紧拉着不放。

"喂，喂，不要开玩笑……你未必要坐这流鼻涕的小家伙的破船吧……是不是？"

"不管怎样，我喜欢坐这条破船。"

"别那么说呀，请你还是坐我的船吧！船钱可以少算点。"

"不，我讨厌少算船钱。"

无论他怎么说，总是被打回票，马西拉恼羞成怒，现出恶徒的天性，破口大骂道：

"你这混蛋，你敢跟我打哈哈……只要我打定了主意，你就算完蛋了，就是天打雷劈，我也不会放手。说，你要怎么样吧？"

他把另一只手攥成像海螺壳一样坚硬的拳头，威吓着要打人。但是，这位中国人仍然很冷静沉着。

"你想跟我打架吗？"

"少废话，混蛋，我要把你的肚子穿一个洞，你赶快拿定主意吧！"

中国人仍然笑嘻嘻地说：

"哈哈，你的口气倒还不小，就怕你没那么大的能耐！"

马西拉听了，气得暴跳如雷。

"哈——"的一声大叫，举起拳头就打。中国人轻巧

SHIJIEMINGRENZHUANJICONGSHU

马可波罗

地侧身一弯腰，飞快地一个扫堂腿扫过去，"吧哒"——一下，水花飞溅，马西拉被踢跌倒，滚进河里去了。

中国人摆摆手，得意地说：

"哈哈！这个家伙表面看似很强壮，事实上脆弱得不堪一击。"

"哈！我们走吧，到波罗先生家里去。"说完，就和本尼特一块儿坐进他的小船里。

在水中挣扎了半天，好不容易才把脑袋浮出水面的马西拉叫道：

"喂，等一等！"

但是，无论他怎么生气着急，也是没有用了。本尼特的小船像飞一样地在水上划走了。

他们回过头来看看，马西拉在远处的水里钻出钻进，大概是脸上受了伤，一面用手擦着血，一面不知在叫喊些什么。

渐渐放心了的本尼特，慢慢地划着桨，佩服得五体投地地说道：

"老伯伯，您的个儿虽然矮小，但是一出手可真厉害呀！"

"哈哈！要是讲起骑马、射箭和打架的话，中国人真算得上是世界第一，不会输给任何人的。"

"哦，那么，划船呢？"

"划船不行。划船，你这小孩子，很行。"

以后他们俩又谈了许多别的话。

"中国也有像威尼斯这样漂亮的地方吗？"

"多的是。威尼斯，只能算作世界第三等的都市。"

"那么，第一等呢？"

"是汗八里都城。"（就是现在的北京）

"第二等呢?"

"是行在都城。"（就是现在的杭州）

"那么，照您这样说，威尼斯算是第三等喽? 那……中国真有这样漂亮的都市吗?"

"中国的都市都很漂亮，不信你可以去看看。"

"呀! 我真想去看看……不过，到中国，很远呢!"

两人谈着，不知不觉地小船已经划到波罗公馆的大门口了。

"喂，客人来了!"

"哦，你真是一个可爱的小孩子，我要奖赏你，送很多钱给你……喂! 你要哪一边的，右边的，还是左边?"

这位中国人举起右手来，拿着闪闪发亮的威尼斯银元。在他的左手里，拿着一张起了皱纹的黄色纸，上面写着本尼特从来没有看过的文字，并且盖有红色朱印。

"我要银元。"

本尼特说着把手伸了过来，中国人呵呵大笑，说道：

"好，那就把这个银元给你。不过，你要是到中国去的话，这种情形，如果是被忽必烈大王看见了，他要骂你的。这张纸是中国钱……它的价值比这个银元大 100 倍。"

这位中国人说完了话以后，就把那张皱得一塌糊涂的纸，很小心地放进衣服的口袋里。这张纸就是中国通用的纸币，当时，欧洲无论什么地方都还没有纸币，但是，中国老早就在普遍使用了。

波罗家的大门这时吱扭地一声打开了。本尼特的整个身体被罩在明亮的灯光下，走出来的人正是马可·波罗。

他说："是本尼特吗? 来得正好。喂，到这边来，我有话跟你说。"

大雕金牌

波罗公馆大门前，耸立着一座高塔，这是一座古色古香的宅子，墙壁上的灰皮已经剥落，红砖都露出来了。房子虽然宽敞，但里面并没有什么装饰品。不过，在把鲁易桥下当作是家的本尼特看来，这幢房子比什么宫殿都要漂亮。

本尼特又害怕又兴奋地跟在马可后边走着，问道：

"那……有什么话……要谈？"

"哼，你不要问，只管跟我来……我告诉你，本尼特。"

"唔？"

"琵纳婶娘说我们现在需要一个船夫。"

"……"

"我打算要她雇用你，我正要找你呢！"

马可一边说，一边拉着惊喜得发了呆的本尼特的手腕，跑进一处热闹的院子里去。

有好多人围着高个子的尼古拉·波罗，在院子里大声谈话。

"呀！大家都到啦。这简直跟在沙漠中旅行的商队一样，这么多的人！不过，要真的是商队的帐篷的话，恐怕女人们就不会这样饶舌喽！"

矮胖胖的叔父玛杜·波罗这时一边说着，一边走进来。顿时场面更加热闹起来了。

其中一位鼻梁很高、穿着紫色缎子衣服的女人，一直在那儿聊得很起劲。仔细一看，才知道她就是今天早晨和马可一起在窗口出现的那个女人。她老远就看见他们进来了。

"哎呀！玛杜……你们俩人离开家这么久，到底到哪里去了呢？"

"婶娘，我们是到中国去了。"

"中国！刚才尼古拉也是这样说。那么，中国究竟在什么地方？"

玛杜用他的短而肥的手指头向东方指着说：

"是那边，大概是这个方向。"

"不过，是很远很远的……中国真是远。你想想看，费了三年的时间，才走到中国。"

"咳！三年……你们俩人硬是这样古里古怪地到底还是去了哩！这么说，回来也是费了三年时间喽？"

"你们不晓得，在半路上，时常碰到下大雪、涨大水，有时遇到战争，有时又必须横穿沙漠……"

"别一个劲儿藉口这呀那呀的啦！你们临走的时候，不是说只是到君士坦丁堡走一趟，去购些丝绸和蓝靛等货色，买齐了立刻就回来吗？哪里晓得，你们一去就是16年！

让我一个人看家看了16年！倒还托你们的福，把那时年轻貌美的我，整个给变成了这样一个老太婆。这话是怎么说的？"

玛杜仍然以毫不在乎的态度，答道：

"我们在忽必烈大皇帝的宫殿里逗留了些时日。那是世界第一大皇帝的宫殿呢！"

"是不是基督教的皇帝？"

"虽然不能说是的，不过，他对于基督教却非常热心。他是很多蒙古皇帝的大皇帝。"

"嗨，蒙古人！你们居然和异教徒的野蛮人搅在一起了，还说是什么世界第一的大皇帝，哼，真是说得出口。"

琵纳婶娘大嚷大叫地说。玛杜叔父也不甘屈服地反驳道：

"你如果不承认忽必烈皇帝是世界第一等的大皇帝……那么，你想想看，我们为什么能够平平安安地旅行了几千公里，而没有危险？请你看看这个东西！"

说着，他从衣袋里取出一块金牌，递给她看。

这是一块长 15 公分、长条形名片式的金牌，它的表面和中国人刚才拿出来看的那张纸币一样，雕刻有奇形怪状的文字；它的里面雕绘着一只大雕正张开翅膀想攫取食物的雄姿。

金牌上端有一小孔，玛杜叔父用黄金做的金链子，把金牌穿了起来，挂在脖子上。

琵纳婶娘一看到这块金牌的灿烂金光，眼睛一亮：

"喝，不会是纯金的吧？"

琵纳婶娘伸出骨瘦如柴的手掌来，拿起金牌掂了一掂，测量测量它的轻重。

"真是纯金哟！但是，它的价值，倒不在于黄金的重量。这是大皇帝颁赐的特别通行证。我们无论到了什么地方，只要拿出这个金牌给他们一看，凡是我们所需要的东西，无论是马匹、骆驼、军队、粮食等等，他们都会立刻筹办。

距离大皇帝都城 5000 公里远的驿站官员，一看到大雕金牌，立即服从命令。由此你就可以晓得大王的命令是如何威严了。"

琵纳婶娘明白地点了点头。

但是，尼古拉·波罗和玛杜·波罗两兄弟为何要到中国去了 16 年呢？现在，且让我们先从这里开始讲起。

波罗两兄弟的旅行

意大利半岛，像长筒皮靴般伸入地中海，它东岸的威尼斯海，曾有很多商队从这里到世界各地航行，是当时欧洲贸易的中心。

波罗他们是威尼斯有名望的人家，他家几代都是经营贸易，在君士坦丁堡设有分店，一面把从远方东洋运来的珍奇货物运往欧洲，一面又把西洋的出产品运到东洋去。

当尼古拉和玛杜兄弟俩逗留在君士坦丁堡分店的时候，曾经听到一个可喜的消息。

"从这里越过海峡，进入黑海，在伏特加河附近，有一个名叫撒莱城的都市。这是钦察汗国的别儿哥汗王的京城。王爷住在非常豪华的宫殿里，搜集有世界上的奇珍异品。只要能到那里，一定可以做大生意，赚大钱。"

波罗两兄弟于是赶快买进了很多货品，进入黑海，运往撒莱城。

这是 1260 年的事情。

波罗兄弟俩携带很多奇珍异品，进谒钦察汗国的宫殿，献给别儿哥汗王。别儿哥汗王大喜，吩咐侍从大臣们给他们的赏赐比原来的贡品多出了两倍以上，并说道：

"波罗的贡品很不错，多赏赐他们一些东西吧！"

兄弟俩因为打算在撒莱城开设分店，所以，在这里逗留了一年多。哪晓得等他们正准备动身回去的时候，又发生了重大事故。

钦察汗国和叶尔汗国发生了战争。

从撒莱城回到君士坦丁堡，必须要经过激烈厮杀的战场。如果要率领载运着很多货物的商队闯过战场前进，实在是件很危险的事情。

"与其这样，何不从撒莱城出发，沿着钦察汗国的国境，走相反的路线，折向东方前进，远远地绕过战场，到那时再想办法回君士坦丁堡。这种办法也未尝不可行。"

波罗兄弟俩决定试试看。

哪晓得，当他们一直继续迅速向东方前进，抵达察合台汗国的首都不里阿耳的时候，兄弟俩又陷于进退两难的境地了。因为从这里起，无论哪条路都被阻塞住了。

这时候，正好碰到叶尔汗国瓦儿纳王所派出的使臣，和前往伺候统治全部蒙古大帝国的忽必烈大皇帝的一行人等，也到了首都不里阿耳。

使臣们劝告波罗兄弟：

"事到如今，波罗先生，你们两位干脆跟我们一起前往忽必烈大皇帝的首都去吧！从来没有一个欧洲人到过大皇帝的宫殿里。大皇帝看到你们，一定很高兴，必定会赐给你们很多赏品哩！"

这种情形，对于商人而言，真是找也找不到的好机会。

于是，兄弟俩继续向东方旅行。一行人先向撒马尔干前进，横穿中央亚细亚，在途中碰到很多困难，走了整整一年，才抵达上都（现在的多伦）。

尼古拉和玛杜两兄弟前往忽必烈大皇帝宫殿去参拜，大皇帝见了他们非常喜欢，详细地询问欧洲各国的情形。

并且向他们说：

"你们可以到各处去参观参观。我这个国家很大，你们商人或者会看到很多有趣的事情和东西。"

波罗两兄弟做梦也没有想到会到这个新国家来，非常兴奋。东洋的奇珍异品，历来都是由撒尔逊人或阿拉伯人从中国运到君士坦丁堡，再由威尼斯的商人转手把它们输入欧洲。现在开辟了从中国直接输入的途径了，真是不虚此行。

他们俩并不是不想赶快回到威尼斯去，实在是因为在半路上，有些地方又有了战争，不容易碰到可以回去的好机会而已。由于种种事情的耽搁，一拖下来，不知不觉就经过了三年的岁月。

有一天——

波罗兄弟禀奏忽必烈大皇帝说：

"听说大皇帝要派遣使节拜访罗马教皇，我们愿意担任向导。"

"我想请教皇在欧洲选派有学问的贤人100名到中国来。这些贤人不仅要精通基督教教义，而且还要熟习礼、乐、射、御、书、数等六艺，来和中国的贤人们共同讨论互相诘难，以论证基督教是不是正确的信仰。"

"好的，那我们就赶快回欧洲去，请求教皇办理。"

"还有，你们再来的时候，顺便到圣地耶路撒冷去一趟，把基督耶稣的坟墓前现在还点着油灯中的灯油，弄一点来。"

因此，波罗两兄弟这才开始动身回国。

因为忽必烈大皇帝发给他们一块雕刻有大雕符号的金牌，所以，这次旅行非常安全。但是对于天灾人祸，仍然是毫无办法。

在没有正式道路的荒野，如果碰到下雪，那就必须要等待冰雪溶化了；如果碰到洪水上涨，那就必须要等待水退了以后，才能通行。

因此，波罗兄弟俩从上都出发以后，整整走了三年，才于1269年4月，抵达叙利亚的阿迦城。

到了阿迦城以后，哪知道教皇克雷朋特四世已在去年逝世，新任教皇还未决定。

波罗兄弟俩这时很感为难，不知道要怎么办才好。

当时有一位迪博大主教驻在阿迦城，他们俩就到他那里去，请求替他们想个办法。大主教说：

"你们最好在这里等，等选出新教皇以后再说。这不会耽搁太久的。"

因为这种缘故，波罗两兄弟才趁这个空当的时期，回到故乡威尼斯来。

回来一看，才知道尼古拉的太太已经死了。在尼古拉离开威尼斯以后才出生的马可，都已经15岁了。

"真是光阴似箭，日月如梭，一晃就过了16个年头。不过，能够暂时重返家园，也未尝不是幸运。"

这么一想，也就在家里安居下来，以等待新教皇的选出。

本尼特·彭巴

被叫醒了的本尼特，大吃一惊，从床上跳了起来，不像平常那样晃晃荡荡的。睁眼一看，才明白他不是睡在船上，而是睡在陆地上。

马可边笑边说道：

"本尼特，对不起，我把你的事情搞忘了。"

本尼特揉了揉眼睛，一看太阳已经出来了。

"喂，睡醒了，那就马上来吧！来帮忙开早饭。"

"什么，就穿着这样的衣服去伺候人？"本尼特看着他那袖口都磨破了的衣服，羞涩地说。

"不要紧，从前那船夫穿的制服还在，你可以换上。可能大了一点，不过没关系，再过些时，也就合身了。"

本尼特觉得好像还在做梦一样。如果说它是梦的话，那也是个很温暖的梦，他穿的是袖口上绣有波罗家徽的鲜红色上衣，因为袖子太长了，从外向里地卷了起来。纯黑的天鹅绒裤子，裤脚也卷起了一点，再穿上一双又肥又大的红皮鞋。

"呀！真漂亮，本尼特……去洗洗脸，梳梳头，然后赶快来。"

走到厨房一看，早饭已经准备好了。桌上摆着的热汤和炒菜、烧肉热气腾腾。这么多金碟子、银刀叉、放水果的盘子、装点心的盒子等等，本尼特还是有生以来第一次看到。

只要闻一闻那种香味，就使人觉得三生有幸了。

本尼特两手端着一大盘子肉，走进饭厅。

哦，这么多的客人！

穿着漂亮衣服的男男女女……其中还夹着很多小孩子，大家膀子挨膀子地围着圆桌坐下，叽叽喳喳，简直就像一个麻雀学校。

本尼特深怕那厚厚的地毯会绊住他那双特大号的皮鞋，于是很小心谨慎地走进去。

幸亏有马可·波罗在桌子那边，用眼睛做了个信号通知他，本尼特才晓得绕圈子走到他那边去站着。马可坐在穿紫色缎子衣服的琵纳婶娘和蓝眼睛的少女中间。

琵纳婶娘以锐利的眼光看了他一下，然后问道：

"哎呀！这个孩子是谁？"

马可很沉着地答道：

"他就是这次雇用的船夫。"

琵纳婶娘说：

"哎哟……那么，就没有更大一点的孩子了吗？衣服也不合身，这套衣服大得可以装两个他进去。"

大家听了，哄然大笑起来。

马可的脸不禁变得通红。

看着马可很尴尬的样子，尼古拉·波罗出来打圆场说：

"不过，您看，他长得不是很高吗？只要您多给他一些好的东西吃，过不了多久，他的身体就会塞满这套衣服的。"

"看他样子是不错……喂，你叫什么名字？"

"本尼特·彭巴！"

"哦，这个名字很有趣，好像把鼓打得咚咚地响的声音一样……这倒是很好记。"

大家听了又是大笑一阵。本尼特臊得脸色绯红。

"来，不要老是站着不动，快把盘子放下来，别泼了出来。"

本尼特这时总算松了一口气，把大盘子放置在圆桌上，如释重负地放下了心。那个蓝眼睛的女孩子，嘴里一边咕噜咕噜地叫着：

"本尼特·彭巴！"

一边又捏了本尼特一把。

马可瞪了女孩子一眼，说道：

"杜纳达，不要胡闹。"

在圆桌那边坐着的一位胖女人，想必是她的母亲，问道：

"杜纳达，你在做什么？"

"哦，我从桌子下边，偷捏了这个男孩子一下。"

琵纳婶娘很不高兴地说道：

"哎呀呀！真是了不起的大小姐哩！我们小的时候，如果做了这种事，可要受重罚呢！"

那位母亲好像辩护似的说：

"杜纳达是好孩子，再不许这样淘气了。"

不错，杜纳达再也不拧本尼特了。她改变了办法，在他走来的时候，她抽个冷子去搔本尼特的胳肢窝，使他发痒。本尼特呢？面对这样可爱的小姑娘，也很甘心情愿，任凭她去戏弄。

琵纳婶娘虽然嘴碎，喜欢挑剔，却是一个待人很厚道的人。她说：

"喂，好了，你可以到厨房去吃饭了。"

本尼特回到了那有很多好吃的东西、香喷喷的厨房。那位亲密的中国朋友正在那里等着他。

"喂，本尼特，快吃饭吧！你终于碰到好运气了。"

"嗯，老伯伯，以后我们做好朋友吧！"

这位中国人嘴里塞满了带骨头的鸡肉，边吃边说道：

"你是一个可爱的孩子，迟早总会到中国去的。"

珠宝店的奇遇

以后两年间的岁月，像做梦一样地悄悄逝去。本尼特的身体就像尼古拉所说的一样，已苗壮而长大得衣服都有点嫌小了。但是，所等待的教皇选举，至今还没有决定。

耸立有座古老宝塔的波罗家里，每天都有很多舢舨，从世界各处运来各种奇珍异品。

一天，从英国运来柔软的羊毛包裹。隔了几天，又从埃及运来鸵鸟的羽毛，从俄国运来狐皮和黑貂皮。有时候，家里充满了从东洋运来的肉桂和薄荷的香气；有时候，家里到处都是生鱼的腥味。

玛杜·波罗的大叫声，响遍了各处：

"喂，本尼特！小船准备好了没有？现在要到李阿特河那边去。"

"准备好了，请上船吧！"

本尼特的那只绿色陈旧的老船，现在改漆成漂亮的黑金色，船头是用黄铜包装的，闪闪发亮。

尼古拉望着在船尾划桨的本尼特，他那满头褐色头发在阳光下闪耀着，不觉露出得意的微笑。

这个男孩在两年之间，长这么大了。肩膀很明显地长宽多了，手脚也变得苗壮有力。

小船划到李阿特桥下的时候，玛杜以他那特有的大嗓门，开始谈话。

"哥哥，这个快要倒的木桥，也应当尽早修理了。在中国，这种桥简直是想看也看不到的。他们的桥都是用磨光的石头造成的，桥面很宽，两边还可以开设相当大的店铺。"

沉默寡言、一向不大开口的尼古拉仅仅微笑而已。

小船开到狭窄的小街上，停在好像要倒塌了的石梯旁边。这是一幢阴暗的房子，破破烂烂的不像样子。

本尼特心里想：

"波罗先生到这个铺子来做什么呢？"

走进店里，看见有一个全身穿着灰色的衣服，面孔灰色阴郁的老人，坐在一张肮脏的木桌旁边。看到波罗，就露出雪白的牙齿，莞尔一笑：

"我仍是过着穷苦的生活哩……有什么贵干？"

尼古拉也笑着说：

"我今天是想从你这个穷店铺里，买点高贵的东西。我有朋友最近要去旅行，打算把他的财产，换成不太笨重的东西，好随身携带着。"

灰色衣服、灰色脸孔的老人点头答应，从铺子里面取出一个天鹅绒包装的小箱子。打开箱盖，解开包裹着的绸巾。本尼特一看，不觉地惊叫起来。

红色、黄色、绿色、紫色、蓝色……尽是些令人目眩的五彩光辉！

这些全都是镶嵌着世界各色宝石的首饰，指环、镯子、耳环以及琥珀和珍珠链子等等。

本尼特心里想：

"就是波罗家里每个人都有三个脑袋，都有 10 只手，也不能把这么多的首饰全部戴完。"

尼古拉·波罗拿着一件首饰，一边把它像蛇般地卷来卷去，一边说道：

"这不是威尼斯出品的吧！"

"是的……不过，仍然是敝店镶制的，这不会错的。"

老人边说边指着暗黑的帷幕那边。

在他俩继续谈话的时候，帷幕后面不断地传来锉子磨擦的声音，和小锤子敲打的声音。有一个高个子男人，一脑袋的黑头发，正在做着镶嵌珠宝的工作。不过因为面朝着里边，所以看不见他的面孔。

"这些都不错，都是顶呱呱的上等货色。我想再多买些，等一会儿送到我家里来吧！"

"谢谢您。真正是，除非是您波罗家……才有这样大的手面……嗳！"

老人一面用眼睛估计堆在桌子上的一大堆黄金，一面满脸做出谄媚的微笑。

隔壁的帷幕这时忽然掀了起来，那正在热心做首饰的工人站了起来，看见他那苍白的面孔，简直像鬼一样，好不怕人。

突然，尼古拉大吃一惊地叫道：

"马撒儿吉什！你，怎么会在这里！"

于是，这个像鬼一样的家伙，用忧郁的微弱声音慢慢说道：

"波罗先生，请您听我讲。自从在阿普勒城分手以后，我就担任其他商队的向导，一直到达多列什城。在半路上，碰到蒙古人马贼的袭击。有些人被杀死了，有些人被掳做了奴隶。因为我会做镶嵌手艺，所以没有被杀死，却被出卖做了奴隶。请您看，这就是绑奴隶的铁链子。"

那个人的脚一动，锁在脚上的粗重铁链子，就哗啦哗啦地响。

尼古拉立刻就向宝石商人说道：

"卡可姆，虽然我是特意来买东西的，但是，今天不买了。"

"哎呀！您觉得有什么不对劲儿的地方吗？"

"不是的。说实在的，你这个手艺人是我的老朋友，他从前曾经救过我的命。我们在分手的时候，我曾经对他说过：

'如果是两座山岳，它们永远不会碰在一起的。但是，人只要有缘，总有再见面的一天。'

这一天当真来到了。

那么，这样办吧！卡可姆，你买这个人的时候，花了多少钱？我决定加倍给你。请你把这个人释放了吧！买宝石的事，改天再谈。"

本尼特看见马撒儿吉什的脸上，继续不停地在流眼泪。年老的宝石商人终于取出钥匙，咔嚓一声，把铁链子上的锁打开了。

马撒儿吉什来到街上时，脸色显得更苍白了。大概是忍受不了外面的强烈日光吧，他一直闭着眼睛。后来，终于非常感动地叫了一声：

"尼古拉·波罗先生！"

尼古拉安慰他说：

"这就好了，再没有什么灾难了。马撒儿吉什……以后，我们再慢慢谈谈你替忽必烈大王制造茫贡诺攻城石炮的事情吧。你这双手，现在是在替贵妇人做首饰，但是，从前也曾经替忽必烈大王做过茫贡诺攻城石炮，你真是了不起的人物啊！"

关于这位怪人所做的茫贡诺攻城石炮——即利用机械的力量，将巨大的岩石，像雨点一样地发射出去，攻打城市——的事情，等待后边，再详细解说。

小船载着沉默不语的客人，回到波罗公馆。

留着络腮胡

马可和本尼特两人非常想到中国游历。马可拿着一根树枝比画着，一边在地上画出长筒皮靴形的意大利地图，一边向那小姑娘说明：

"嗨！杜纳达，你晓不晓得，这只长筒皮靴就是意大利。在皮靴顶头上有一个小点，那就是威尼斯。"

"啊，威尼斯要比这大得多嘛！"

"不错，是大得多呀！不过，在地图上画起来，那就只能这么一点点大了。再向这边看，这里是地中海，这儿有很多小岛，经过这些小岛，再往东方去，就到了君士坦丁堡，爸爸的分店就开设在那里。"

马可说完了，就在那里画了一个小圆圈给她看。杜纳达好像很懂得似地点了点头。

马可又在很远的地方，画了一个更大的圆圈给她看。画到这些地方的时候，马可的地图简直是乱七八糟地乱画一通，他又说：

　　"从这里向东方去，就是忽必烈大王的领域了。再往前去，经过了很多山、很多河和很多的沙漠与溪谷……又经过大海，渡过大洋，再继续向东方前进，还得拼命向东方前进，喝，你看，这才到达了中国。你看怎样，它真是大得很吧？"

　　杜纳达把眼睛睁得大大的，大吃一惊地说道：

　　"咦，怎么这样远呢？"

　　这时候，马可的爸爸尼古拉和叔父玛杜边谈边走，正打院子里走过。

　　"那么，玛杜，就决定在10天以后出发吧……这件事，你跟琵纳婶婶说过了没有？"

　　"哦，还没有。"

　　"我一说，她那脾气，准会大发雷霆，跟我大吵大闹……"

　　"那由我来替你说情，一定没问题。"

　　"真的吗？你真肯替我说情吗？"

　　"我来负责，你放心好了……喂，马可，要吃中饭啦，一块去吧。杜纳达也一起来。"

　　哪晓得，关于前往中国的话，在玛杜还没有提出来以前，由于偶然的一个机会，就说到了。那是在将要吃完饭的时候。

　　琵纳婶娘以她那特有的尖锐声音大叫道：

　　"玛杜，你也应当常常刮刮胡子啊！你看你的腮帮子上，长得黑乎乎的一大堆胡须！简直像一只肥胖的老乌鸦，从巢里伸出来的头一样。"

玛杜苦笑一下，并不理她，故意扯到别的事情上去，用手指着盘子里的一种水果，说道：

"这个无花果很好吃，是在哪里买的？"

但是，琵纳不会被他这种举动所欺骗，绝不会上当。

"还有你，尼古拉，简直跟狗熊一样。威尼斯现在不时兴这种满脸胡须的面孔。"

"不过，婶婶，我们在蒙古人的国家旅行的时候，总是留着胡须的。不知道是什么缘故，中国人只生长着一点绒毛似的胡子而已。所以，他们尊敬留胡子的人。"

"这在蒙古人的国家或许是这样……但是，你们绝不能学那种野蛮人的样子啊！"

尼古拉就趁这机会，干脆地说：

"不过，我们不久就要出发了。"

"不是新教皇还没有选出来吗？"

"但是，如果弄得太晚了，那就好像是放弃了我们的使命一样，忽必烈大皇帝不知道要怎样处罚我们呢。总而言之，非要再回到中国去一趟不可，去向大王报告，是因为等待教皇选举而耽搁了这些时日。"

这一席话听得琵纳婶娘脸色大变。

"那么，还是要走喽！好，你们走吧！你们一去又是十年八年，叫我一个人看家，还要我来照顾马可和其他的小孩子们！"

"不，不是的，这点您倒不用担心。这次我们也要把马可带去。"

琵纳婶娘突然变成疯狂了般叽叽嘎嘎地尖叫。

"怎么着？居然还想把马可也带去！把我这可爱的侄子！绝对不行！假如把那孩子也带去，一定会被蒙古人给杀掉的！不然的话，将来也会讨蒙古人的姑娘做老婆。"

尼古拉连忙安慰她："家里还有一大家子的人在这里，婶娘绝对不会感到寂寞的；并且绝对保证：等到将来马可长大成人后，一定不准他娶蒙古的姑娘做媳妇。

并且，这次在取得点燃在基督墓前万年不熄的长明灯灯油，奉献到忽必烈大王那里去了以后，立刻就回来，不会耽搁太久的。"

"但是，至少也得要整整七年的光阴吧……再过七年，马可就是大人了。那时候，也会跟你们一样，长着胡子回来。那样，真是讨厌！"

琵纳婶娘说到这里，气得直发抖。玛杜瞥了马可一眼，露出一丝怪笑。

这个娃儿脸上要长出胡子来！

只要想一想，就觉得好笑。

以后，在饭厅里又谈了些什么，马可一点也不知道。

他太高兴了，偷偷地溜出饭厅，跑到院子里去了。马可当头就把本尼特一抱，欢喜地说道：

"喂，本尼特，我们俩也要到中国去啦！"

"呀！到忽必烈大王的国家去？"

"是的，骑着骆驼去！"

"以后还要骑象呢！"

说着说着，本尼特使劲摇晃着马可的身体。

正当这两个男孩子在互相拥抱着乱蹦乱跳的时候，杜纳达惊讶地走过来看，说道：

"哎呀！你们这是怎么了？"

"伯伯说，要带我们到中国去。"

"啊！这才好呢，像你这样的坏东西，去了最好。到那时我会跟马可玩的。"

"可是，马可少爷也要去的。"

杜纳达并未像琵纳婶娘一样地又哭又嚷，只是睁着大眼睛，一直瞪着马可的脸，后来渐渐地从眼眶子里滴答滴答地掉下几颗大泪珠来，叫了一声：

"马可！"

马可把手搭在杜纳达的肩膀上，安慰她：

"不要哭，杜纳达，我回来的时候，一定从中国带很多纪念品给你。"

本尼特也说：

"我也会带回来的。小姐，你喜欢什么？说吧！"

这么一奉承，小女孩才慢慢地不生气了。

"对了！带一只小猫儿……或一只小狗儿回来，你看好不好……不对，还是两样都带，比较好些。"

"哈哈，杜纳达太贪心了。那么，你看这样办好不好？我带一只小猫儿回来，本尼特带一只小狗儿回来……这样好吧？杜纳达，不要生气了。"

小姑娘抬头望着马可，眼睛含着泪珠，面露微笑。

于是，她把两只手交叉在胸前，说道：

"我等你们回来。马可，可别忘记喽！选一只可爱的小猫儿回来！"

再见吧，威尼斯！

马可和本尼特两人突然忙了起来。天天搬运桶、袋子、箱子等等，装进有双排桨的大帆船里。他俩负责计算数量，一件一件地记在账上。

有由西班牙运来的肥皂箱、椰油壶，从英国运来的羊毛袋、红布包，威尼斯制的锦缎、天鹅绒，法国出产的葡萄酒和荷兰制的麻纱布等等。

马可低声地咕哝说：

"装载这么多东西，双排桨大帆船不会沉没吗？"

快要开船的前一天，本尼特跑到圣尼古拉教堂参拜，在圣像面前点燃了两只蜡烛。这两只蜡烛比两年以前点的大了 10 倍。他祈祷说：

"长老，我明天就要到中国去了。请您保佑我一路平安。等我平平安安地回来后，我还要奉上比这个大三倍的大蜡烛，酬谢您的保佑。敬祝长老圣明普照……"

圣尼古拉好像也在那儿哈哈大笑，仿佛还听他道：

"唔，唔，唔，你去吧！"

在那一天夜晚，上了床以后，本尼特一直无法合上眼睛，无论怎样翻来覆去，总是睡不着觉，总是看见满满地驮着货物的骆驼、大象、老虎和令人惊叹的断崖悬壁、滚滚而流的大河，以及从前听那位中国人讲的红色、黄色、绿色，美丽的、五彩缤纷的、目不暇接的各种光景等等，就好像幻影般，一幕一幕地尽在眼前晃来晃去。

好不容易想睡的时候，又被人叫醒了。

"本尼特，快起来，天快亮了。快点准备吧！"

他吓了一跳，睁开眼睛一看，看见马可穿着威风凛凛的旅行装，站在面前。

外边还是黑黝黝的。

本尼特一边在早晨的寒气中发抖，一边换上昨天才领到的蓝色新衣服。看看在墙上挂着的以前穿的那件船夫衣服，和这件比较起来，怎么那么难看！

"以后来接我工作的少年，也许还要穿那件衣服吧！杜纳达小姐还会偷偷地去抓他一把，使他发痒吧！"

本尼锡不禁怀念起从前的日子。

走到港口去一看，码头上黑压压地挤满了送行的人。

其中特别引人注目的，是穿着大红天鹅绒和锦缎织成的袍子，外面披着貂皮金色大氅的杜琪阁下（威尼斯总督）。

太阳已经出来了，杜琪总督帽子上镶嵌着的宝石闪闪发光。在他后边，穿着银色镶边的大红上衣的少年，在替总督撑着伞遮蔽阳光。

本尼特心里想：

"如果要一辈子住在威尼斯，给人家打伞，也真没意思。"

港里停泊着由 12 只船组成的双排桨大帆船队。其中，挂有青底银穗子、当中并排着三只黑色小鸟旗帜的，就是波罗家的船。

本尼特和马可一块儿上了船。

岸上有人在大声叫道：

"再见，尼古拉！"

"再见，玛杜！"

"一路平安，马可！"

"可要小心点，不要再被马贼捉去了，马撒儿吉什！"

"可别从骆驼背上摔下来了喔，本尼特！"

其中，以杜纳达可爱的声音，最为响亮。

"不要忘记了把可爱的小猫儿带回来，马可……我等你。本尼特也别忘记了小狗儿呀！"

声音越来越小，人们的面貌也渐渐看不清了。原来双排桨大帆船早已拔锚划出。

杜琪阁下的大红袍变成一朵牡丹花似的，可爱的杜纳达也变成像一朵紫罗兰花似的。

到后来，有"海上女王"之称的威尼斯，也终于迷濛在波涛之中。

再会吧，威尼斯！

　　双排桨大帆船扯满风帆，在蔚蓝的亚得里亚海的波涛上疾驶。

　　马可说：

　　"本尼特，我们终于如愿以偿了。"

　　本尼特回答说：

　　"可是，要到中国，还远得很呢！"

　　"没关系！总有一天会到的。"

　　"啊！那美丽的中国。"

　　本尼特不禁无限向往地说。

　　扑通，扑通，波浪冲击着船舷。

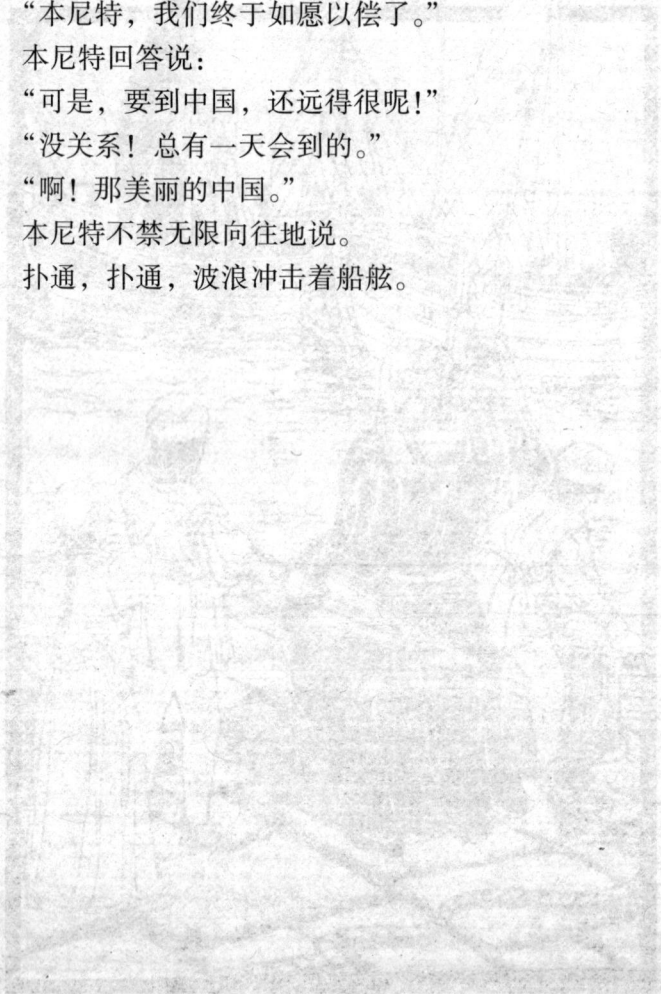

一

撒拉逊的旅行

一个个白色的圆形屋顶，静悄悄地
顺着河岸旁边，在移动前进着。

胆小的使者

在差不多对这漫长的海上旅行感到有点厌烦的时候，有一天，本尼特看见在遥远的东方波涛间，有一个小白点浮现了。

马可叫道：

"呀，那儿有一块岩礁！"

本尼特答道：

"那是陆地呀！"

这时，玛杜好像重得很似的，把他那肥胖的身躯移到甲板上来。

马可用手指着东方，说道：

"叔父，您看！那儿有一块白色的岩礁……"

玛杜叔父紧瞪着瞧了半天，才说：

"那不是岩礁，是城墙，是阿迦城的城墙。"

"啊！已经到了阿迦城了吗？"

"唔，我预料不是今天就是明天会到的，这次出人意料地快呢！"

不错，当船越挨越近的时候，就很清楚地看见了建立在岩礁上的城墙，笼罩在早晨的太阳光中，闪闪发亮。那上边有一座圆塔，塔上飘扬着旗帜。

围着圆塔飞来飞去的白鸟，看见船来了，纷纷飞到船边来。

船进港后，好多的小船，就像蚂蚁似的划过来。它们和威尼斯的半月形小船不同，是扁平的舢舨，充满了异国情调。

马可说道：

"好漂亮的地方，这是威尼斯隔壁的港口。我们到底是到中国来了。"

叔父大笑道：

"哈哈，你们俩终究是小鸭子啊！"

"什么？小鸭子，这是什么意思？"

"可不是嘛，小鸭子刚刚从鸭蛋里面孵出来，一被带到池子里玩，就大惊小怪地叫嚷：

'这样大的大海，我们还是头一次看见哩！'

其实不是这么回事。真正的中国，离这儿还远得很呢！"

但是，这两个孩子对于用城墙围着的城市，觉得非常稀奇，一时兴奋地忘了一切，一天到晚忙着去参观回教的寺院，去访问商队寄宿的地方。

不过，搞太久了，也就疲乏不堪，有点腻了。

尼古拉和玛杜两人一到阿迦城，立刻就去拜访迪博大主教。大主教说：

"既然是特意来访，那就再等等看，不好吗？新教皇可能不久就会决定了。"

他们继续逗留在阿迦城。但是，等了很久，也没有接到新教皇选出的消息。

"像这样子没有期限地等下去，也不是办法。只好放弃请求派遣贤者100人的事情，而只前去求取基督耶稣墓前万年不灭的长明灯的灯油，先把这灯油拿到中国去，其余的只好请求忽必烈大王原谅了。"

波罗兄弟俩等得很不耐烦，决定离开阿迦城。

但是，他们走不到几天，阿迦城派来的急使传来大好的消息。

"教皇的选举好不容易才办完，迪博大主教被选为新教皇，请你们立刻回阿迦城去。"

这真是好极了。赶回到阿迦城以后，格烈果儿十世的迪博大主教就任为教皇，教皇除了托付正式的公函给波罗兄弟俩外，更托他俩代为赠送很多奇异珍品给忽必烈大皇帝，其中有好几个漂亮的花瓶。

同时，也找了忽必烈大皇帝所要求的"贤人"。不过，不是100人，只有两个人。

尼古拉问道：

"哦，怎么只有两个人呢？"

新教皇说：

"唔，我才刚就任教皇，不能一下子就任命100个人。而且虽然只有两位传教士，但是，他俩的能力足够抵得上100个人呢！"

哪晓得一路行来，才发现这两位"贤人"一点胆量都没有，还谈什么抵得上100个人。

他们运气不好，当时正碰到巴比伦王（埃及的回教教主）率领大军，进攻阿美尼亚，那一带都变成了战场，胆小如鼠的"贤人"说道：

"这样子太危险，没有办法继续旅行下去了。我们俩要回去了。"

玛杜笑道：

"哪里的话，在这一带，战争是家常便饭，算不了一回事。总之，蒙古人是以战争为职业的。不过，无论是怎样蛮横的家伙，他们绝对不敢杀害忽必烈大王的使者。我们担保好了，请你们俩放心吧！"

玛杜拼命地挽留，反而更引起他俩的怯懦心理。

他俩说：

"虽然是为了宣传基督耶稣的教义，但是，我们真不愿意跑到专门以战争为职业的人们那里去。现在，我们将教皇的这封信和送给大王的礼物，拜托你们两位处理吧！我们走了。拜托，拜托！"

然后他们死命地纠缠天布儿武士团，请求帮助，慌忙逃回罗马去了。

于是，只剩下波罗家一行人继续向中国前进。

诺亚的方舟

本尼特被那套在牛车后面的牛群哞——哞——的叫声，和挂在骆驼脖子上的铃铛的丁零——丁零——的响声，及马蹄踏在地上的啪嗒——啪嗒——的响声等等给吵醒了。

天刚微微亮，商队已准备好出发了。

这天的路程也是上坡路。商队排列成行，在令人惊叹的断崖峭壁的半山腰上，沿着弯弯曲曲像蛇一样的羊肠小路，缓慢地迂回前进着。

左边，是带着秋天色彩的美丽山谷；谷底，星罗棋布地散布着一些正在做着早饭的炊烟，寂寞地缓缓上升。

本尼特骑在马上说道：

"不错，商队的旅行真是缓慢呢！如果老是这种速度，那我就是头下脚上倒立着走，也可以走到中国了。"

马可答道：

"不过，如果是匆匆忙忙地走得太快的话，那就没有机会欣赏沿路的风景了。"

本尼特对于马可的热心研究与考察，真是惊愕不已。他每在夜晚休息的时候，跑到商队里边去，打听各国的事情。每到一个城市，就跑到寺院和大会堂里，询问有关它们的故事和来历。再详细调查这个地方的风土人情，他们

这儿生长什么植物，有什么动物，出产一些什么东西，以及买卖、住民的生活和宗教等等情形，而且还都把它们记录在笔记簿上。

本尼特问道：

"马可，你记录这么多的事情，干什么用啊？"

"并没有什么一定的目的，不过，我觉得这些只是我一个人听，一个人看，一个人记得，那不过是我一个人的知识而已。假如把它写下来，著之成书，那就可以成为全世界人们都知道的知识了。"

坡道已走完，进入森林了。骆驼铃铛的响声，混杂在阴沉沉的树林中。

中饭是在村外枣树底下吃的。饭后，正在休息的时候，突然听见森林那边，有啪嗒啪嗒的马蹄声响，仔细一看，有两个人骑着马，像一阵风似地跑过去了。

"对不起，我们先走一步！"

"好，祝你们一路平安！"

他们留下了一种嘲笑、挑战的声音。

马可突然站起来，说道：

"本尼特，来，走！"

"唉，到哪里去？"

"去追那个蒙古人。要输给了蒙古人，那还受得了吗？这是竞赛嘛！"

"这很好玩，走吧！"

本尼特一跃上马。

扬鞭一挥，驮着两个少年的两匹马也大振雄风，嘴里吐着白沫，在碎石路上跑起来了。

快些！快些！

一眨眼的工夫，就跑过了森林、原野、村庄及山岭等。

马可和本尼特的脸变得通红，汗流浃背。这次是他们两人从威尼斯出发以来第一次运动，所以非常愉快。

在宽阔的原野，痛痛快快地跑了一小时。后来，终于看见不远的地方有两匹飞扬的马奔跑着。

"本尼特，那就是了，赶快追吧！"

"快追！快追！"

马又被鞭打着，哈——哈——地喘着气，勇猛地向前奔跑。

他们终于在下一个驿站，像飞一样地赶过蒙古人了。

这次该由他们两人说讽刺的话了。

"对不起，我们先走一步！"

"祝你们一路平安！"

一直跑到目的地的村庄外边，他们两人才把马跑的速度缓了下来。高原的秋天风景，真是美丽极了。狂风一吹，已变成黄色的树叶，纷纷掉落在地上，枯草好像女人眉毛一样弯弯曲曲地披着。

在东方那边，海拔5500公尺的阿剌剌惕山，山顶上带着积雪，雄伟地耸立在一群峰岭之上。

马可突然问道：

"本尼特，你不晓得诺亚方舟的故事吧！"

马可于是开始讲道：

"诺亚方舟的故事都不知道，那怎么行呢！在圣经里面有记载。那是在上帝创造人类以后不久的事情。"

"人类的祖先亚当和夏娃，生了凯恩和阿伯尔两个小孩，他们的后世子孙有位又诚实又善良，名叫诺亚的人。有一天，上帝叫诺亚制造了一只方舟。"

"什么叫方舟呢？"

"它是有104公尺长、23公尺宽、19公尺深的，像箱子一样的大方船。"

"哎哟！好大一条船哪。上古的人为什么要造这样的船呢？"

"为什么？我也不知道。因为诺亚是一个诚实的人，他就依照上帝的吩咐，砍伐了一根大杉木来制造方舟，安装龙骨，再用松节油油漆了船底，使它不会漏水，在做完三个甲板以后，又在上边装置顶篷。"

"这么大的船，他打算在哪个大海上开动呢？"

"不，不是在大海上。他是在距离大海有几千公里之远的原野地方，做成这条大船的。"

"那才蠢呢！怎么在原野地方造船……"

"附近的人们看见这种情形都在笑。但是，诚实的诺亚不管别人的讥笑，仍遵照上帝的吩咐，埋头制造方舟。等方舟造成以后，他就跑到荒野的山上去，搜集了很多鸟兽，凡是碰到的动物，不管什么，都把它搜集起来，预备在将来航海的时候，当作食品用。

这样子，刚好耗费了一个星期。于是，在第七天的晚上，诺亚一家人就坐进船里面去。"

"哦，在原野的地方？"

"哪晓得，半夜突然下起一阵大雨来，这场大雨持续下了40天40夜。当时，全世界无论哪里，都被大水淹没了。只有搭乘方舟的诺亚一家人，漂浮在那可怕的大洪水中。"

"其余的，没有搭乘方舟的那些人呢？"

"不消说，都淹死在水里面了……到了第40天，暴风雨好不容易才停了下来，诺亚于是小心谨慎地打开窗口，向外边窥视一下。

这时太阳高挂在天上，闪耀万丈的金光，船在一望无际的大海当中漂浮着，用尽了眼睛的力量，向四面八方张望，都看不到陆地。

诺亚放出乌鸦试试看，乌鸦不久就飞回来了。他又把鸽子放出去。鸽子本来是飞行得最远的一种鸟，但是，可怜得很，半路上连根可以歇歇脚的树枝都找不着。

诺亚等待了一个星期，又再把鸽子放出去试试看。一直到了晚上，鸽子才叼着一片橄榄树的树叶，飞了回来。

洪水确确实实已经减退了。

又过了一个星期，诺亚第三次把鸽子放出去，这一次鸽子始终没有飞回来。

它必定是找到陆地了。

方舟突然发出碰撞到什么东西的响声，原来冲到坚固的岩礁上面了。这时诺亚终于重新踏上陆地了。"

"啊，真好……那么，那到底是什么地方？"

"那就是阿剌剌惕山哪！他们说诺亚的方舟，到现在还留在那里。因为那个山太陡太险了，所以，一直到现在，还没有一个人能爬到那山顶上。"

本尼特叹了口气，回头望望马可所指的阿剌剌惕山。太阳正沉落在西山中，受着夕阳照射的阿剌剌惕山上的积雪，闪耀出淡红色的光辉。

本尼特喃喃低语：

"唔，就是那座山吗？"

这时，远处传来丁零丁零的铃声，于是，他们又重新加入迟迟而来的商队队伍。

移动山岳

那一夜，他们在村庄外边的原野上，各人搭起自己的帐篷。晚饭有鸡肉、鸡蛋、牛奶、面包和水果等等，非常好吃。这些东西在这一带，便宜得令人不敢相信。

现在是秋末的时分，夜晚像冬天一样冷得很。不计其数的星星，在天空中闪烁发亮。帐篷旁边的地上，堆柴生火，到处都是欢乐的气氛。

马可走到一堆焚烧着木柴的地方，说道：

"喂，本尼特，今天我跟你讲的诺亚方舟的故事，你觉得怎么样？"

"这个故事真有趣，不过，我总觉得它不会是真的事情。"

"为什么？"

"因为，就说是上帝下的雨吧！那么，就是下它一天一夜，顶多也不过是有限度深的水嘛！"

本尼特边说着边用手势来比画雨水的深度。

"唔！"

"就说加上40倍来计算……那也绝对不会满到阿剌剌惕山那么高。"

"哈哈，你也真会强词夺理呢！但是，这一带的人们对于这类神奇的故事，都是无条件地相信的。有的故事说：某人从谷底捡了一颗嵌陷在土里面的钻石。有的故事说：用祈祷的力量，可以移动山岳。"

"哦，移动山岳？"

"是的，他们是这样讲的，详细情形我不知道……据说就发生在这一带。我们去问这里的商队看看。"

两人跑到商队焚烧堆火的地方去。

"各位晚安！"

"呀，少爷，来，请到这边坐。"

"谢谢，今天晚上，我们想听听有关移动山岳的故事，有没有人晓得这个故事?"

这时,有一个拉骆驼的老头儿,抬起头来望着马可,说道:

"这不是一个故事,它是真实的事情。"

"哦,我搞错了……你,要是晓得的话,就请你给我们讲一讲这个故事……哦,不是的……是讲讲这件真实的事情,好不好?"

于是,老头儿便娓娓道来:

从前,在巴比伦这个国家里,有一个王爷对于回教非常热心。他觉得:

"最近,相信基督教的教徒越来越多了,这真是要不得。有没有什么办法,叫人民改信回教呢?"

他想到一个办法。一天,他出了一个布告,叫国内的基督教徒集合在一个指定的地方,然后问他们:"你们圣经里面所写的事情,都是真的吗?"基督教信徒答道:"当然,都是真的。"

于是,王爷就把圣经里面写的:

"你们世人,如果具有像胡椒粉一样的一点点信心的话,那么,山岳也会移动。"

他把这几句经文,念给大家听。并且一边说,一边用手指着那边一座小山,说道:

"假如圣经里面所写的是真的话,你们这么多的人,其中总有具有像胡椒粉那样的一点点信心的人吧!假如真能移动那座山,就请证明给我看。"

"如果那座山不能移动的话,你们全体就必须改信回教。不肯的人,我要把他们都杀掉。你们回去好好地考虑……我给你们10天的时间。"

这些基督教徒听了这一番话,都吓得面面相觑,你看我，我看你。除仰仗上帝的力量以外，别无其他办法。于是，大家开始拼命地祷告。到了第八天的时候，上帝终于颁赐启示，说道：

"你们去找位只有一只眼睛的皮鞋匠，他是我的爱子，会有办法的。"

上帝所说的"一只眼睛的皮鞋匠"是谁呢？大家正在议论纷纷的时候，有一个农夫说道：

"那一定是我们村子里的那个皮鞋匠。"

"他是怎样的一个人？"

"他是个对基督教信念很深、非常慈悲的人，上教堂做礼拜，不管多恶劣的天气，没一天间断过。"

"好的，那我们就快去找他，拜托这位一只眼睛的皮鞋匠想办法吧。"

找到了他以后，这位一只眼睛的皮鞋匠大吃一惊，再三推辞，并说道：

"我并不是高贵的人哪！"

经不住大家再三地拜托，他终于承担了这个重大任务。

那一天来了。男女老幼，总共有十几万的基督信徒，都在教堂集合，集合了以后，大家一边唱赞美歌，一边慢慢向着指定的原野走去。

王爷带着大批军队正在原野里焦灼地等候着，等大家集合齐了以后，向大家说："凡是不愿意改信回教的人，统统杀掉。"

这一只眼睛的皮鞋匠慢慢走到王爷面前，拜倒在地上。一大群信徒也都跟他一起拜倒在地上，开始祈祷。

皮鞋匠双手高高地举向天上，祷告道：

"哦，上帝呀！全知全能的天父呀！我并不是高贵的人，没有资格向您提出请求。我只是紧紧地依靠您那无限

马可波罗

的恩慈，请求您移动那座山。"

正当他祷告完了的时候，说来也真是叫人不可思议，一直都是屹立在那里的小山岳，突然开始摇摇摆摆地移动了起来。

"哇！"的一声，不管是基督教徒还是回教徒们都吓得脸上一片惨白。亲眼看见这种不可思议的奇迹的回教徒，从那天起，都改信了基督教，最后连王爷自己也成为基督教徒了。

这个故事讲完后，突然在火堆旁边，有人叫道：

"扯谎！我不相信这种事情。"

那个喊叫的人，是本尼特。

拉骆驼的老头儿气得脸都绿了，站起来说道：

"什么！小家伙你以为我是扯谎的人吗?"

说着说着就要抓本尼特的胸口。这个时候有人大叫一声：

"不要吵！"跑过来的正是矮胖子玛杜·波罗。他叱责地说：

"本尼特！你这家伙敢说不相信山岳移动吗?"

"我不能相信。不是我亲眼见过的事情，我绝不相信。"

"混蛋！你这家伙，根本什么都不懂！本尼特，如果我说：世界上有可以移动的城市，你认为怎样呢?"

"这种事情……也不能相信。"

"好的，我有办法使你相信。来，到这边来。"

玛杜装做很蛮横的样子，一把抓住本尼特的膀子，把他拉到火堆的外边去了。

会移动的城市

第二天，道路越来越险峻。走过了在很深的山谷之间架设的石桥以后，树木也越来越少，最后连一棵树都没有了。抬头一望，四周的山岭都覆盖着白雪，越往山岭上爬，白雪越深。

终于下起雪来了。大雪纷纷，最后竟变成暴风雪，尽管睁大眼睛去看，却连一寸远的地方都看不见了。

到处都是雪，把走过的足迹完全淹没了，马匹被暴风雪吹得像海豚一样地跳上跳下。

"哦，好大的雪！"

马可和本尼特的脸，被这越下越大的雪所吹袭，好像挨了打一样地痛。四面八方白森森的一片。

他们心里正在想着："不会迷路吧？"

这时，迷迷糊糊地看见在纷纷下降的大雪里面，好像有什么东西似的。以后，又听见丁零丁零的铃声在响。

原来商队选出两名大汉在前面开路，用又长又细的枪杆子，一边走路一边打雪，借以躲避被雪所遮盖的地上裂缝及那可怕的悬崖峭壁，慢慢前进。

不过，这种在暴风雪中艰苦的旅行，一过了山岭，就结束了。有两块岩石从两边挤拢来，就像两扇大门似的路，变得很狭窄。走过这道门以后，就渐渐变成下坡路了。雪也一天一天地少了。

下山以后，那地方就像春天一样，天气晴朗。

在背后，是披覆着白雪的山岳，就好像梦境似地耸立在云中；再前面是平稳的高原，一直连接到很远很远的地平线。

真正的春天，终于来了。

在波状起伏的丘陵里，到处都是村庄，环绕着绿油油的田地，给灰色单调的风景，增色了不少。

"哎呀！"马可把马一停，不觉地叫了出来。

有一条小河，环绕着远隔的低矮小山山脚，缓缓地流着。在小河旁边，芦花的白色穗子在微风中摇摆着。在这之间，不知道是什么白色的东西，在河岸旁边动来动去。

马可喃喃地轻声说道：

"这简直跟威尼斯教堂的圆形屋顶一样嘛！"

"一个、两个、三个……"

不对，不对，不只五个六个，三十五十都有……不对，总有七八十个白色的圆形屋顶，静悄悄地顺着河岸旁边，在移动前进着。

本尼特叫道：

"那……那是什么呀？"

玛杜叔父笑嘻嘻地答道：

"你看，本尼特！那就是会移动的城市呀！"

蒙古人虽然征服了中国，建立了空前绝后的大帝国，但是，他们本来是游牧民族。他们带着大批牛、马和羊等牲畜，为追求水草生活而在各地到处流浪。

他们的住处称为蒙古包，是用木棍搭成房屋架子、把毛毡盖在上面而做成的房子。先用有一个人高的木杆，编成城形的栏杆，再用木柱撑起来。又用柳条编成的席子，搭在栏杆上面，再把缝连起来的毛毡盖在上面。

蒙古包的内部情形是：在正当中装置一个火炉子，炉子上边放着一个直径和高度约有 30 公分至 40 公分、铁制的三脚架，把锅放在架子上，来做饭做菜。

装衣服的木箱和厨房用具，摆列在毛毡做成的墙边；

地面上直接铺着厚厚的毛毡。

当要移动帐篷的时候，先解开捆扎的绳子，掀起毛毡，拆卸屋顶和墙壁，收拢屋架，然后把它们都堆放在车上，用牛或骆驼来拉车子，他们是绝对不用马来拉车子的。因为蒙古人认为马是供人骑乘的，不能作为拉车用。

他们也有固定式的帐篷，是用细绳子将屋架子和柱子捆扎起来，不用拆卸就直接放在车上运走。

在用毛毡遮裱的墙上，开着有格子的窗户，它的做法很特别，从外边看不到里面，但是可以从里面看见外边。因为这样，旅行的人就可以在车子上的帐篷里，自由自在地吃饭睡觉，或读书做事都可以。

所以，搬运帐篷的车辆非常庞大。据探险家巴特达所看到的车辆，两边车轮的距离拿尺来量，竟有六公尺宽。

蒙古包的支柱轴心棒，有船上的桅杆那么粗，运输车的车辕旋转轴棒分作两边，每边横系着 11 头牛，共计 22 头，从两边牵拉。

这种庞大车辆，可载运直径八公尺的小屋。因此，蒙古包运输车的两边，每边伸出来的总有一公尺半的样子。

这样庞大的蒙古包载在车上，有时 100 或 200 辆车结成一队，蒙古人就住在帐篷里面，慢慢地在大草原上前进。

这正是玛杜·波罗所说的"移动的城市"。

敌乎友乎？

这边听到尼古拉·波罗拼命叫喊的声音。

"大家都躲到车子旁边去，把牛放开，做成圆阵！把动物放在当中，人们躲在行李旁边，摆好阵势，准备作战！"

人们都急忙地布置一切，将包裹、箱子、桶和笼子等等堆在一起，堆成圆堆。大家都把剑拔了出来，弓装上弦，准备战斗。

本尼特也拿着弓箭，正想跑过去，却被责骂：

"你，你瞎张罗什么，招呼马匹吧！"

他只好无精打采地走进了圆阵当中。

移动中的圆屋顶那边，有一队人骑着马跑了过来。他们骑着马，一下子就跳进小河里去，四溅的浪花在阳光下闪闪发光。

尼古拉用很响亮的声音叫道：

"现在不要射箭，也许他们并没有敌意也说不定。"

蒙古人头戴铁盔，手拿着光亮的尖枪和用皮革做的盾牌，走近圆阵来。

他们不知道在高声叫喊着什么。

本尼特想：

"他们想做什么呢？"

尼古拉直立在木箱子的上边。那是装着罗马教皇送给忽必烈大皇帝的贵重水晶花瓶的箱子。

高个子的尼古拉一面很沉着地盯着前来袭击的马队，一面将忽必烈大汗所赐给的金牌高高地举在头上。金牌在阳光下闪闪发亮，这样蒙古人必会看见的。

马蹄下面的尘土滚滚飞扬，马停止奔跑，立刻闻到马的汗臭味。

有一个骑马的人，好像是队长，从马队里面跑了出来，跑到尼古拉面前，用很大的声音不知说了些什么话。不懂蒙古语的本尼特，根本就不知道是怎么一回事。

尼古拉忽然朝着他喊道：

"本尼特！"

"准备骑马吧！把行李驮在马背上，跟着我走。马可也把弓箭放下，一块儿去。"

波罗家里三个人——尼古拉、玛杜和马可少年——骑马走，本尼特和马撒儿吉什牵着驮马，跟在后边走。

蒙古人的马队围在他们四周围，边吵边闹地跟着走。他们纷纷伸出手来，说：

"请你们送一把小刀给我，要很锋利的小刀。"

"请你们送一点面包给我，并送一点好吃的点心给我家里的小孩子。"

曾经碰到蒙古人的马贼，吃过苦头的马撒儿吉什，听见他们的要求很讨厌，便用威尼斯语，低声向本尼特说道：

"这些家伙们，真可恶！"

但是，尼古拉和玛杜有一套应付蒙古人的办法，表面一点也没有表示讨厌的样子，仍是一路谈谈笑笑。

这时路旁的"移动的城市"已经停下来了。有的人在卸牛脖子上的颈箍，有的人往下搬帐篷。

本尼特看见在毛毡下边的家具上和白色窗户上，画着一些鸟兽的图画。在蒙古包上边，有白色的圆形烟囱伸出来，那上面也画有图画。

在庞大的车辆旁边，有用黑毛毡做成的小帐篷，这是厨房。妇女们戴着奇形怪状的帽子，在厨房里面烧晚饭。

马可说：

"好高大的妇女呀！而且，那些女人都有好像是一个样子的面孔。"

马撒儿吉什答道：

"蒙古人喜欢胖女人，而且鼻子越扁平越觉得美。"

"哦，那么，这些都是美人喽！"

过了一会儿，他们就走到草原上来了。走过这个"帐篷的城市"以后，在南边有一块很宽敞的空地。

"喂，你看！"

朝着尼古拉所指的看过去，有一个从来没有见过的巨大蒙古包矗立着。

本尼特数着拖拉那座巨大蒙古包的白色牛的头数：

"四、五、六、七、八……"

"牛分成两排，每边各有十头牛。"

马可加以订正地说道：

"不对，每边各有11头牛，一共有22头牛哪！"

"总而言之，这个帐篷真大。"

"嗯，这比我们家里最大的客厅还要大些。"

这个巨大的王爷用的蒙古包卸在地上以后，骑兵队的一个骑兵立刻跑到草原那边去。

最后，有一队骑兵在丘陵上面出现了。太阳已经下山，天也慢慢地黑下来，鸟儿在头上飞来飞去地盘旋着。

尼古拉指着在最前面骑着白马的高个子，说道：

"那就是王爷别儿哥汗哪！"

玛杜帮腔地说道：

"而且，他把夫人们也全都带来了。"

本尼特最初还以为是军队呢！哪晓得这全是戴着白色羽毛帽子的妇女们。这是他头一次看见这么多肥胖的妇女。

蒙古包的王爷

天完全黑了。

每个蒙古包都在火炉子里焚烧干马粪当燃料，到处烟雾腾腾。本尼特用手巾擦了好几次眼睛。

蒙古人的黑影子在火堆的周围走来走去。马嘶牛叫，绵羊和山羊也在咩咩地吵闹着。

在别儿哥汗王爷的大蒙古包前面，燃烧着两堆警戒的营火，有两名拿着枪的士兵笔直地站在火旁。

尼古拉·波罗说道：

"唔，快到了。听清楚了没有？大家都照着我的样子做，不管发生什么事情，都不必害怕。随时都要做出笑眯眯的面孔，高高兴兴的样子。他们认为：如果老是愁眉苦脸的，必会碰到坏运气，这是蒙古人最讨厌的事情。"

他又向后边吩咐道：

"好了，从马背上把行李拿下来，马撒儿吉什，你看管马匹。本尼特，你背着包裹，跟着我走。"

马可问道：

"爸爸，这些营火是做什么用的？"

"人们必须从营火的当中通过，先把身心弄清净，除去邪恶以后，才能到王爷面前去。要小心，不得把剑接近火焰……否则，会碰到厄运。进去的时候，脚不得踩踏门槛，蒙古人认为这是最大的不敬罪。要是你用脚踩了他们的门槛，那就再也不能回威尼斯去了。"

这时有一队黑影子的人马，好像是要走过来的样子。

"我们是来拜谒王爷的。"

于是有两个人在前面带路，后面跟着一队黑影子的人马，慢慢地走过营火当中，消失在蒙古包里面去了。

有两个穿着宽大红色衣服的汉子，站在蒙古包的门口。尼古拉把剑取下来交给他们，大家也跟着照做。

那个穿红衣的汉子，一面拉起挂在门口的毛毡，一面轻轻地说道：

"小心门槛，不要踩着它。"

蒙古包里面，烟雾腾腾地闷热得很。有一堆通红的火在大客厅的当中燃烧着。一部分烟尘从屋顶上边的烟囱飞出去，其余大部分的烟尘，仍然飘荡在蒙古包里面。本尼特被烟熏得直擦眼睛。

在门口附近的长板凳上，挂列着金杯和银碟。在蒙古包当中，设有一座附有三层台阶的高坛，王爷盘膝坐在坛上的一个漂亮的垫子上。

蒙古包内很肃静，没有任何人谈话。穿着宽大绸衣的王爷好像很高兴的样子，透过烟雾，看着波罗一家人。在他低矮的鼻子、扁平的面孔上，一对眼睛黑黝黝地闪闪发光。

王爷终于开口说道：

"到这边来！"

尼古拉走到王爷面前，跪了下来，叩头，然后爬起来。其余的人也照他的样子做。

肥胖的玛杜叔父好像很痛苦的样子，跪了下来，行了好几次叩头礼，最后大家都行完礼，在王爷面前站好。

王爷宝座的周围金色灿烂，右边挂列弓箭，左边挂列盾牌，而在王爷后边，则悬挂着一面刺绣得很美丽的旗帜。

在分列左右伺候的王妃之中，最胖的一位王妃坐在王爷身旁。她的鼻子好像用小刀削过一样，是扁平的。

尼古拉和玛杜站在王爷驾前以后，王爷很快地不知说了些什么话。本尼特听不懂，只觉得王爷好像认识波罗兄弟似的。

尼古拉吩咐道：

"本尼特！把包裹打开，呈请王爷过目。"

本尼特向前走了几步，在王爷宝座的台阶前面，将贡品打开。一看是些威尼斯天鹅绒的紫色衣裳、用金线镶绣的红布带子、镶嵌着黄金的铁盔……玛杜走上前去，从小箱子里取出各种珍珠宝石，放在王爷的脚下。这些都是本尼特曾在卡可姆珠宝店见过的。

"唔，这还不错，很漂亮！"

王爷的眼睛闪闪发光，盯着那些指环和手镯一个劲儿瞧。然后拿了一个红宝石的指环，套在他自己的胖指头上，又取出一件灿烂发光的首饰，递给旁边的妃子。

妃子的眼睛里闪烁着万分喜欢的亮光。

别儿哥汗拍了拍手，侍从们随即在金杯和银盏上倒满了白酒。马可拿了一杯，用嘴唇尝了一口，有一种酸牛奶的臭气，入口后味道还不错。

这时，在室内的角落里，音乐声响起，侍女们配合音乐的节拍，开始翩翩起舞。

他们在巧妙优美的舞蹈、歌唱声中，尽情地饮酒作乐。当一行人从王爷的蒙古包回来的时候，已经是半夜了。

在回来的路上，尼古拉说：

"今天做了一笔很好的买卖哩！"

"咳！假如不能大大地赚它一票的话，那才划不来呢。像那种强迫跪下，叩头行礼……马可，我在第三次跪下时，你有没有听到砰的一声骨头折断的声音？"

"哈哈，我听见了，就好像弓的弦折断的声音一样。爸爸，您为什么还说：今天做了笔很大的买卖呢？我们不是仅仅给王爷呈献了贡品吗？"

尼古拉边笑边答道：

"哈哈，过几天你就会明白了。"

杜加台少年

商队第二天就出发了，向叶尔汗王国的都城陶尼斯

（现在的塔布里兹）前进。波罗一家人并未同行，他们在别儿哥汗的蒙古包里，逗留了几个星期。

马可和本尼特不久就跟年龄差不多的蒙古少年们结为好朋友了，他们每天都一同出去打猎。要说讲究骑马射箭的话，蒙古人实在是天下无敌的。因此马可在这方面，也练成第一流的好手了。

本尼特说：

"少爷，你真行。你已经不输给蒙古人了。"

马可笑着回答道：

"哪里，杜加台还要比我高明两三倍呢！"

刚才提起的杜加台，是和本尼特同样年纪的蒙古少年，也是扁平的面孔，长得一副聪明相。他是既无父母又无兄弟的孤儿，只要拿着弓箭，骑着马儿玩，就会觉得很幸福。

他会一边骑着马，一边射箭，他这样还比本尼特站着瞄准要射得准呢。他能骑在马上，一面跑一面突然掉过头来，射中用笔画成的一个小点的目标。当人们哎呀——一声，觉得好危险的时候，他会突然在疾驰中的马腹下边藏起来，不久，又会从反方向转上来，仍在马背上骑好。这些玩意儿，他都很拿手。

哪晓得有一天，当马可回帐篷来的时候，找不到好朋友杜加台了。正当他在到处寻找的时候，听见别儿哥汗的蒙古包前面，有用鞭子抽打得飕飕的响声，他走过去一看，杜加台趴在地上正在挨打。

他后边站着一个大汉，拿着很长的皮鞭子，在空中挥动得飕飕作响，抽个一下抽在被剥光了的少年背上。每逢抽一下，杜加台的身体立刻就痛得发抖。不过，他却始终都不哼一声。

马可马上跑到别儿哥汗的面前求情，说道：

"王爷，请您饶了他吧！他是我的好朋友，为什么要打他呢？"

王爷龇着一口白牙齿笑道：

"那家伙是一个小偷哩！马可，他偷了朋友的箭。蒙古人是绝不准饶恕小偷的，至少应当用皮鞭子抽打100下。"

皮鞭子又发出飕飕的响声，抽打在杜加台的背上。少年咬着牙关不作声，突然睁开泪汪汪的眼睛，注视着遥远的青山。

"王爷，我听说在这种情形之下，蒙古人可以想法子赎罪。现在，由我来偿还这笔钱，请您饶了他吧！"

别儿哥汗把手举起来，叫拿鞭子的大汉停止抽打。

"饶了这个家伙吧！马可准备替他赎罪。"

结果，依照蒙古人的规矩，由马可支付损害额的10倍，把事情解决了。

无论怎样用皮鞭子抽打，压根儿连哼都不哼一声的杜加台，当他看见满脸不高兴的蒙古人，把马可赔偿的小刀、玻璃珠子和红布等等拿走的时候，哇地一声哭了起来。

"马可少爷，我并没有偷箭，请相信我。我不是小偷，不知道是谁，趁我在睡觉的时候，把那些箭放在我的箭筒里的。"

"我知道，杜加台，我相信你。不用说了，我明白。"

从此以后，杜加台就再也不离开马可的身边了。他把自己做的箭、自己猎得的狐皮和自己训练熟了的老鹰等等，都拿来送给马可，并且，把马术和射箭的秘诀等也都教给马可。

波罗他们已经开始和蒙古人做生意。尼古拉眼看着孩子们一天到晚只顾着打猎，便要两个孩子也来帮忙记账。

"为什么这是顶好的生意呢？你不久就会明白的。"

玛杜叔父以前说的这句话，倒不是假话。别儿哥汗为酬答波罗的贡物，依照蒙古人的传统惯例，回赐给他们两倍的礼品，现在，每天都运到波罗家的帐篷里来。

波罗家的帐篷里，不久，就堆满了丝绸、毛皮、金袋和镶银的马鞍等。

最后，波罗一家人也决定追随先走的商队，向陶尼斯出发。

在他们出发的那一天，蒙古人全体都来送行。骑在马上的波罗和本尼特，把王爷最后送给他们的礼物——拿出来分送给他们，大家都非常高兴。

在这些人里面，就只有一个人哭丧着脸，那就是杜加台。

马可看到这种情形，便又回到别儿哥汗面前，对于王爷赏赐的漂亮毛皮大衣和现在所骑的漂亮马鞍子表示谢意。马可现在已经会说蒙古话了。

王爷非常高兴。

"马可，你是个聪明的孩子。无论你要什么东西，我都可以送给你。"

马可在稍微踌躇了一下之后，举起了他的红色马鞍，一面指着在那一大群蒙古人最后边，孤零零站着的杜加台，一面说道：

"那么，请您把那个少年送给我？"

"哈哈，那个小偷吗？好的好的，你带去吧！那个少年对我们没有一点儿用处。"

于是，波罗一家人就带着杜加台，向叶尔汗王国的都城陶尼斯前进。

金苹果

　　陶尼斯已经是春天了。在环绕着城墙外边的果树园里，开着很美丽的红红白白的各种花朵。

　　这城市的特产，是编织有金丝线的纺织品。但在市场里面，有由印度、巴格达、莫斯尔、霍尔莫斯等等地方运来的各种商品，贸易非常繁荣；因为这个缘故，人种颇为复杂，宗教也很繁多，最大的宗教是回教。

　　阿布汗不愧是波斯全国的大王，他并不住在蒙古包里面，而是住在城内建设得金碧辉煌的高大宫殿里。波罗照例呈献贡物。

　　大王好像很冷淡，只说了一声：

　　"嗯，你来了。"

　　配给他们住的房子，又窄小又黑暗，是一间闷热得惹人讨厌的房子。马可正在辗转反侧睡不着，一个劲儿打瞌睡的半夜里，杜加台跑来了。

　　"马可少爷，你还没有睡吗？"

　　"嗯，睡是想睡，总是睡不着嘛！"

　　"我刚才在大王的兵营里，听到他们军人的谈话，说是阿布汗大王又要打仗了。"

　　"是吗？我也觉得情形不大对劲儿，这可真糟糕。这样一来，忽必烈大王的金牌，根本派不上用场了。"

　　"所以说，再不能漫不经心地瞎耽搁了，现在已不是谈生意的时候了。明天早晨就必须出发。"

　　第二天早晨，马可赶快把杜加台听来的话，告诉他的父亲尼古拉，尼古拉考虑了好久以后，说：

　　"不过，假定我们出发了，反而更危险。除了等待王爷派兵护送以外，别无他法。"

因此，波罗一伙人只好住在这窄小闷热的房子里等待着。在这个期间，兵营里面，马的嘶叫声、刀剑的碰撞声、人的嘈杂声，越来越剧烈。

哪晓得有一天，阿儿贡王子派遣侍从到马可这里来了。

阿儿贡王子比马可大两三岁，是一位模样很漂亮的美少年，和所有的蒙古人一样，特别喜欢夸耀他的骑术和箭术，一谈起来就扬扬得意。他说：

"今天在宫殿里的空地上，要举行射箭比赛，请来参观吧！"

马可走去一看，只见大批侍从人员早已集合在空地上了。在空地的尽头，竖立着两根高杆子，有一根横木搭在两根竿子的上头，横木上边垂悬着十根细绳子，在每根绳子下面，分别吊着一个金苹果。

比赛的办法就是：骑着快马跑过横木下边时，要用箭将晃来晃去、摇动不定的金苹果射下来，看谁射掉下来的最多。

真的，也难怪阿儿贡王子得意扬扬，在他发射的十箭之中，很巧妙地射掉了五只金苹果。王子的外甥可甲公子，射掉了三只。其余的人，射掉两只以上的，一个人也没有。

王子特别高兴。

"马可，你看，今天的比赛怎么样？"

"真是伟大极了。"

"看到这样漂亮的马和箭，你恐怕还是头一次吧？"

马可老老实实把他所想到的事情说出：

"你们贵国的马和箭，真可以算得是天下第一。我们来到贵国以后，承你们的好意，准许我们参观了各种比赛，都是顶呱呱的，无法分出哪个好哪个坏。假如有机会，我也很想试试看哩！"

哪晓得听惯了恭维和奉承话的王子，却不满意这样的答复。听到马可这么一说，脸上颜色突然一变，咧着嘴，好像看不起人的样子，挖苦地说道：

"哼——你是说你也想试试看吗？"

"好的，你可以试试看！如果你们三个人射掉下来的金苹果，合计起来，能够赶得上我的一半，那么我什么都可以输给你们……喂，你想要什么？想要钻石还是红宝石，或者是黄金？尽管说！"

马可很沉着地答道：

"宝石、黄金，我都不要，我只想向您借20名军人一用，请您命令他们，把我们安全地送到边界地带。"

王子又笑了，说道：

"这好办，我答应你；不过，假若你们输了的话，你们就得留在这里做我的侍从，一辈子都不准回去，你敢不敢打这个赌？"

本尼特想起了在宫殿旁边，那个像监狱一样的黑暗房子。如果要真的一辈子被关在那里，那才伤心万分呢！

王子一面取出了弓箭，一面喊道：

"带马！"

这马是匹黑色的骏物，暴躁地连蹦带跳，王子用两个膝盖夹住它，马蹄声嗒——嗒——地直往苹果的下边跑去了。

但是，王子这次运气没有上次好。他射了10箭，但在横木上面，还吊有6只金苹果。

"喂，这回该你们了。"

随着他这一喊，本尼特跟着也骑上马跑了来。他一箭也没有射中，其中仅有一箭，侥幸地把苹果皮擦掉了一点点。

在旁观看的蒙古人"哇——哈哈"地笑了起来。

轮到马可出场了。马可头两箭没射中，第三箭差不多紧贴着苹果斜掠了过去。

这时本尼特的手心直冒汗，心中祈祷着：

"哦，这次必定要射中！"

但是，第四箭还是射空了。一共射了10箭，仅射掉了一只苹果。

马可笑嘻嘻地把弓箭交给杜加台，说道：

"四的一半，是二。来，这回轮到你了。"

不过，杜加台并没有笑。本尼特发觉杜加台的手在发抖。

杜加台连射了三箭都失败了。蒙古人大笑不已。

于是，杜加台跑到马可身边来，一边喘着气一边说道：

"假如我再射不中的话，请你们趁着还没有被人家捉住以前，赶快逃走吧！我一个人被他们捉到，没有什么关系。因为你们手里还拿着忽必烈大王的金牌呢……"

但是，马可仍是微笑着，说：

"不要担心这些事情，杜加台！你一定会射中的。我比谁都清楚，你在这些人里面，是第一名的好射手。"

杜加台的马跑得沙尘飞扬，飞快地向着金苹果直行。杜加台在沙尘中，突然凶狠狠地转过身来，弯弓搭箭，猛然一拉，飕——的一声，他的箭就美妙地把吊着金苹果的绳子射断了，金苹果落在地上。

马可大叫了一声，赶紧跑过去一看，说：

"顶好，呱呱叫！我们赢了！"

但是，这回杜加台倒变得很沉着地说：

"不，还不能算是赢。"

"王子不是说过：只要我们三人射掉王子的一半，就算是赢吗？王子射掉四只，四只的一半，就是两只嘛。"

"不过，还有箭呢。"

杜加台射掉苹果的时候，蒙古人装作毫不关心的样子。赌输了的王子板着脸在生气。

当杜加台接着射掉第二只和第三只苹果的时候，他们沉静得没有一点声音。只有以前射掉三只苹果的公子可甲一个人，高兴得在那儿啪哒啪哒地鼓掌。

不过，当射掉第四只苹果的时候，在参观的人群里面，居然也发出了悄悄的低语声。

到了射掉第五只苹果的时候，这才变成像暴风雨那样激动的喧闹声音。

"射掉了五只苹果！真是了不起的神射手！"

"而且，还剩有一支箭呢！"

参观的人们都吞声闭气地盯着杜加台的坐骑，它又向金苹果那边跑去。

弓弦响起了，啪的一声，一眨眼间苹果又掉在地上了。

"哦！射掉了六只苹果！"

"十箭射中了六箭！"

满场的观众都跳起来，纷纷地喝彩。

阿儿贡王子走了出来。他虽然是任性妄为惯了，但仍不愧是一位运动家，具有光明正大的风度。他好像把打赌输了这件事忘记了似的，说道：

"杜加台，你真漂亮利落！这是奖品，请你收下。"

王子把掉下来的金苹果，亲自交给杜加台，然后，望着马可说道：

"你们赢得真漂亮。我会依照诺言，派 20 名士兵送你们走，不过，我有一个请求。"

"什么事？"

"你能不能将这位漂亮的射手……比我还要高明的射手……让给我。"

"是的，如果他本人愿意的话……不过，我已经答应他，要带他到忽必烈大王那里去的。假如他本人还是想去，那我就不能违背诺言。"

这是很巧妙的答复，阿儿贡王子不禁皱起眉头。不过，一提到忽必烈大王的威名，声威吓人，王子也就无话可说了。说实在的，杜加台一点也不想留在这里。

于是，波罗一行人在 20 名军人的护送下，又开始向陶尼斯出发了。

焦热地狱

大家扑通扑通地往水里跳，只露出一个头在水面上。

马贼的魔法

过了亚塞尔拜然大草原以后，前边都是山路。从撒巴城到喀什登，过了叶兹德以后，沿路的风景就慢慢地变得荒凉了。

马撒儿吉什说道：

"这里就是著名的洛克曼浴池的地窟。"

"洛克曼是什么人？"

"他是阿拉伯的诗人，他在快要断气的时候，把他的儿子喊到床边来，跟他说：

'我没有给你留下什么财产，只留下了三只瓶子，里面装有极具奇妙效力的药品。只要将这第一只瓶子的药水，滴一滴在死人的身上，他的灵魂就会回到死尸上来。再将第二只瓶子的药水滴一滴下去，那个死人就会站起来。若再将第三只瓶子里的药水滴一滴，那个人就会完全活过来。'他说完这些话，就死去了。"

"哼，那么洛克曼必定是又活过来喽！"

"不是的，这个故事讲的是他儿子的事情。他的儿子在他年老快要死的时候，也把男佣人叫到床边来，告诉他：在他死了以后，怎样使用这三瓶药水来洒他，说完就断气了。

"男佣人把主人的尸体搬到洗澡间里，照着主人的吩咐，洒完了第一瓶和第二瓶药水。哪晓得，早就死了很久的洛克曼突然站了起来，大声叫道：

"'赶快，赶快把第三瓶药水滴一滴！'

"啊呀！啊呀！男佣人吓得不得了。把第三瓶药水掉在地上逃走了。可怜洛克曼的儿子，只好坐在那儿再等死，后来不得不到死国报到去了。

"据说一直到现在，还时常听见鬼魂在这个浴池的地窟里叫喊着：

"'赶快，赶快洒第三瓶药水呀！'"

尼古拉·波罗说：

"嗳，这个故事真叫人害怕！"

再往前走，就是寂寞的荒野和沙漠，距离有水井和人烟的地方很远，所以他们便买了脚步很快、饲料又省的骡子来代步。

马撒儿吉什说道：

"老爷，再往前走，就是起儿漫沙漠了。我觉得我们不如离开运输货物的商队，只带着贵重的东西，绕远路走沙漠的边缘，比较好些。"

"您不晓得，这里就是哈剌兀纳的巢穴呢！"

"哈剌兀纳？"

"哼，那就是沙漠的主人，马贼团哪！"

"哈哈，是马贼吗……那么，不要紧吧！我们不是早已准备好了护送的军队吗？"

"但是，哈剌兀纳的马贼团和别的马贼不同，在紧急关头，他们能够突然从四面八方，集合一万多人的同党。马贼头目名叫那古答儿，他本来是察合台汗的部下武士，在某天晚上，纠合一部分无法无天的军队逃跑了，跑进了这个沙漠，组织了这马贼团。二三十人的护卫队，不管用；而且，哈剌兀纳会使用魔法，他能够在白昼里，遮住太阳光线，使天地完全变成昏暗……"

马撒儿吉什还想接着说下去，尼古拉突然大笑起来说：

"哈哈，想不到你还是一个迷信家哩。事情果真如此，我们可到不了中国啦！"

他完全不把它当一回事。

当天夜晚，包装了一夜的行李，装载完毕后，商队的大队人马就在半夜两点钟出发了。预定在日内，赶到某些有人烟的地方。

树术和果树园越来越少，四周非常荒凉，黑忽忽的一片大沙漠。

骆驼脖子上的铁铃铛和走在前头的骡子脖子上的铜铃铛声音，当啷、当啷地此起彼落，互相呼应。

天亮了，整片怪可怕的阴森森的沙漠，真是令人毛骨悚然。放眼看去，完全是一片荒凉，不生一草一木，到处都是死骆驼、死骡子和死人的骨头。

有些地方，好像曾经点燃过堆火的样子，旁边还扔着有烧饭用的锅和水壶。

马可向本尼特说：

"那些人好像很慌张的样子哩！还剩有面粉和油哪！"

哈剌兀纳——这句话，商队里面大家都在议论纷纷。他们拼命地赶着骡子和骆驼加快速度，波罗一家六个人，牵着只搭载贵重物品的牛车慢慢走，越来越落在后边。

到了午后，天空里一点云也没有，太阳灿烂地照耀着，在靠右边的岩石上显现出深灰色。

突然，杜加台用颤抖的声音叫道：

"啊！天渐渐地黑了。"

马撒儿吉什脸吓得苍白地说：

"这是哈剌兀纳啦！"

"老爷，这是哈剌兀纳在使魔法哪！那些马贼想袭击商队的时候，总是用魔术把白昼变成黑夜。您请看！"

不错，四周越来越黑了，这种黑暗不是自天而降，而是从沙漠的沙石里面涌现出来的。有一种冰凉的冷气透进骨髓，好像要逼近身体一样。

玛杜说：

"哈哈，这不是哈剌兀纳的魔法。听说这叫做'干雾'啊！从前我在印度，时常碰到这种'干雾'突然来袭。"

但是，无论是哈剌兀纳的魔法也好，或者是干的雾气也好，总而言之，像这样黑忽忽地，谁也休想赶路前进。

"好吧！我们赶到沙丘的岩石那边去，等候天亮了再说吧！"

于是，大家就彼此手牵着手，慢慢地爬到沙丘上去。但是，猝不及防地，六个人连同拖着贵重物品行李车子的牛，突然都掉在陷阱里去了。

井里冒烟

波罗家六个人掉下去的，是在岩石旁边自然形成的洞穴。

马撒儿吉什不管是什么，把这些事情都看做是哈剌兀纳的魔法。

"哎，被马贼俘虏了。"

尼古拉说：

"喂，用不着担心。好像要起风了，风一起，雾就会消散的。"

"风？我怎么没听见！"

谁也没有听到风声。耳朵非常灵敏的杜加台说：

"那不是风，那是一大群马在沙漠上跑的声音。"

过了一会儿，沙漠上的马蹄声，渐渐接近了，好像暴风雨似地从他们头上跃过。

杜加台说：

"这是人数相当多的军队呢！"

大家都竖起耳朵来听。这种响声渐渐走远了，最后终于消失得无影无踪，突然又听见更大的响声。

这确实是商队在黑暗里被马贼袭击的响声。

马撒儿吉什的牙齿一面咯噔咯噔地发抖，一面喊叫：

"啊，怎么着，被打劫了吗？"

这时候，谁也不能不相信了。

呜呜的哭声、哼哼的呻吟声和叽叽嘎嘎的皮革倾轧声、金属刀枪的碰撞声，以及拼命挣扎的回响等等——

在黑暗里面的战斗，最后终于平静下来了；不久，雾渐渐消散了，沙漠又出现了阳光。

他们跳上去一看，真是惨不忍睹的光景。

20名护卫士兵都被砍死在沙漠上，血染沙场。到处都是马蹄践踏的痕迹，骆驼的咽喉被砍断了，倒在沙漠上。

除此以外，商队连一个人影子也看不见了。

马撒儿吉什说：

"哈剌兀纳真是可怕的马贼团！"

玛杜在胸前画个十字，说：

"我们真幸运，掉进这个洞穴里，才捡回一条命。"

于是，逃出虎口的一伙人，平安地保存了贵重物品，在他们走到村镇以后，就卖去了一部分宝石，又买进了一些骆驼和骡子，重新组织商队，继续旅行到了撒巴城。

有一座用石头造成的小神殿，建立在尽是岩石的小山上，神殿持继续不断地向上冒烟。

喜欢追根究底的马可，询问当地人民：

"那座神殿是什么？"

"那是在很久很久以前，就建在那里的一座尊贵的神殿。"

"有什么缘由吗?"

"说来话长。你知不知道有一个故事,据说在基督耶稣诞生的时候,有群贤明的博士从东方国家出发,在天上的星光引导之下,前往伯利恒去朝拜生在马厩里面的婴儿。"

"我知道的。那是海洛德王爷派遣的人嘛!"

"当时在这个撒巴城,也有名叫眉儿可、巴儿答沙、卡思巴儿等三位王爷,带着黄金、乳香和没药,前往朝拜。"他们说:

'如果这位婴儿接受黄金,那么他就是地上的王;如果他接受乳香,那么他就是真正的神;如果他接受没药,那么他就是替人们治病的医生。'

于是,他们前往伯利恒去一看,真有一个刚生下来的婴儿,睡在马厩里面。"

"结果基督耶稣接受了什么呢?"

"三种东西都接受了。若干年后,基督耶稣回送他们一个小箱子。"

"这么说,基督耶稣既是王,又是神和医生喽!那小箱子里面装的是什么东西呢?"

"打开一看,只是一块石头。"

"哦,我知道,他的意思是说:你们的信仰应当像石头一样地坚定。"

"是嘛!但是三位王爷一看,就说:怎么是这样一个无聊的东西……于是就把那块石头扔到井里去了。"

"哎呀!天哪!"

"说来真奇怪,跟着石头扔下去的时候,天上降下了天火。井里面,竟冒出烟火来了。"

"三位王爷因为闯下了大祸很后悔,可是反悔也来不及了。他们就趴在地下，朝天膜拜。后来他们为了赎罪，在那座小山上，建了一座石头神殿，把井里面的火，引到神殿里去。一直到现在，这个火仍被当作神，被人们膜拜着。"

这传说或许是后世人们捏造出来的，也说不定。还在有基督教以前，波斯就有这种拜火殿，它是崇拜火神的宗教。现在把它和基督教联系起来，就演变成这样的传说。

马可·波罗觉得这个故事有趣极了，就把它记录在笔记簿上。

炎热的城市

从起儿漫国出发以来，继续在平原上旅行了七天。沿途道路非常平坦，那一带有很多鹧鸪和其他鸟类，兽类也很多，因此，马可他们三个少年兴奋到极点，一天到晚迷着打猎。

沿路也有城市，到处都是村庄。走过一座大山以后，就都是下坡路。

这一带有很多果树，原来也住有居民，现在仅有游牧民族在这里放牧。下坡路走完了以后，在南方展现出了一块巨大的平原。哈马底城在这个平原的入口地方。

列兀巴尔斯大平原出产小麦和稻谷。在丘陵一带，种植有很多枣树、石榴树和香圆树等等；野鸡和小纹鹧鸪等等小鸟也很多。

家畜中，有好多在别处没有看见过的；尤其是大白牛，它的毛短而光滑，它的犄角又短又小，并不尖锐。它的肩膀上，有一个约有两个手掌厚的突起部。它是美丽的动物，当它要驮载货物的时候，跟骆驼一样先趴下来，等东西驮好再站起来，力气很大。

费了五天的工夫，走完了这个大平原以后，又是30公里长的下坡路。

玛杜说：

"你们看，走下了这个坡，就是福鲁模思平原了。平原的尽头就是海，那里有福鲁模思港。我们到了福鲁模思以后，还是从那里搭船到中国去的好。护送我们的卫兵已经被马贼杀光了，而且，看样子好像又要打仗了，陆路真是太危险了。"

嗨！

马可和本尼特高兴得跳了起来。他俩对于被称作"沙漠之舟"的骆驼，已经不感兴趣了。尤其是本尼特，非常想念那小小波浪啪哒啪哒冲击着半月形小船的情景。

只有蒙古出身的少年杜加台一个人愁眉苦脸。

越往下坡走，天气越热。太阳毫不容情地、肆虐地照射着，连汗都被晒干了。摸一摸脸，感觉到咸味很重，皮肤粗糙得难以忍受。

玛杜说：

"这真要热死了。到福鲁模思城去，非钻在水里面泡泡不可。"

马可一想到这位胖胖的玛杜叔叔喜欢泡在水里，而只把脑袋露出来的样子，忍不住大笑起来。

一行人终于到达城里了。由热气和灰尘造成的昏濛濛的雾气，笼罩了整个城市，无论城墙、圆屋顶还是宝塔等等，在这昏濛濛的热雾包围中，看起来简直像影子似的。全城都飘荡着一股酷热的臭气。

虽然也有溪河，但是河水已经枯竭了，仅是在河岸旁边生长的枣树树阴底下，残留着一些暗黑色的水池子罢了。

福鲁模思是当时世界贸易的中心地方。从中国、南洋、印度等处，用船运来各种香料、药材、宝石、珍珠、金箔和象牙等等。这些商品都卖给各国贸易商人，经过他们的手，再散布到世界各处。

在波斯全国，你无论到什么地方去看，都找不到这样讨厌的地方。连一点绿色的东西都没有，就是有的话，顶多也不过是那细弱无力的椰子树，有一两棵摇摇晃晃地生长着。

城市肮脏得很，到处都是灰尘。这个城市的清道夫，竟然是些豺狼和长毛狐呢！一到了夜晚，它们就从沙漠的洞穴里出来，偷偷地走进城内，把大街小巷里腐败了的食物和尸体，收拾个干净。

到市内一看，在那狭窄的街道上，看不见一个人影。阳光猛烈地照射着砖瓦墙壁，发出臭气，冲进人们的鼻孔。有时也发现有狗在阴凉地方睡觉，一动也不动。

马可问道：

"城里的人都到哪里去了！"

玛杜叔父答道：

"我刚才不是说过了吗？都钻到水里面去了哩！"

福鲁模思这个地方，一到夏天，因为太热了，没有一个人住在城内，怕会热得闷死人。所以，大家都跑到海边、河边，或有杨柳树的地方，在水上搭一间小屋，在那里避暑。那种建筑是把木桩打进岸上或水中，四面搭上木架，用树叶做屋顶，用这种方法避免太阳光的烤晒。

一到夏天，每天从 9 点钟到 12 点钟，从陆地上吹来使人透不过气的热风。

"你瞧，来了！"

大家都扑通扑通地往水里面跳，只露出一个头在水面

上，他们都很有耐性地待在水里面，等候着热风吹过。你想想看，大家都泡在水池子里面，只露出脑袋瓜子，这真是稀奇古怪的光景。

就像玛杜说的一样，没有水池的人就泡在一个大水缸里面。

波罗一家人在一栋涂着黄色石灰的砖造房屋前面下马。用手摸了摸墙，那简直跟火炉子一样，热烘烘地发烫。窗户是很小的拉门，光线完全射不进去。屋内虽然多少要凉爽些，但是，因为不通风，有一种臭咸鱼的气味。

马可喃喃地说道：

"这简直像关在监牢里面一样嘛！"

这家主人是波罗兄弟俩上次来的时候，有买卖来往的商店。他也是威尼斯出生的商人，一看到波罗就说：

"呀，你好吗……来，请到这边来。"

他是依照福鲁模思的习惯，用手势招呼客人，赶快把客人让到水池里面去。

马可、本尼特、杜加台三个少年就赶快把衣服脱光，立刻跳进水池里去了。

"您好！"

他们客气地说。

"哦，您好，今天天气很好呢！"

这样的回答，把他们弄迷糊了，仔细一问，才晓得今天的天气还算很凉快的呢！

起儿漫兵的袭击

这是过了 10 天以后的事情。

晚上天气稍微凉快了，所以，大家都到市场去玩玩。

各种各样的人，源源不绝地来到。

有扁平面孔的蒙古人，也有留着长胡子的犹太人。从印度南部来的黑炭面孔的贩马商人，正在和从波斯来的面孔苍白的高个子谈话。

"哎呀，那是什么人哪？"

黄色面孔、眼睛突出的小矮矬子，笑嘻嘻地和高头大马的阿拉伯人在谈话。穿着纯白上衣的那个阿拉伯人，比穿着绸衣的这个小矮矬子，差不多要高一倍。两个人好像在争论些什么似的，最后，那个阿拉伯人就好像有人强迫着他，把一元金币放在对方的手掌上，匆匆忙忙地走向人群里不见了。

马可问道：

"叔叔，那个小矮矬子是什么人？"

玛杜答道：

"是中国人。"

哎呀，原来那就是中国人呀！

马可的心里不由得又起了新的幻影。

不久，市场渐渐热闹起来。印度人、阿拉伯人、波斯人，一直到蒙古人等等，大家都在大声喧嚷着，你推我、我推你地挤来挤去。

必定是发生了什么事。

就在这个时候，男佣人上气不接下气地跑来，慌张地说：

"不得了啦！赶快回去，起儿漫的军队来攻打我们了。"

马可回去一看，屋子里闹哄哄地乱成一片，一打听，才晓得因为福鲁模思市拒绝起儿漫国王的要求，没有贡献物，所以起儿漫国王大怒，率领骑兵 1600 人和步兵 6000

人来攻打福鲁模思市。

"据报告说：起儿漫的军队将于明天早晨到达。我们赶快逃难吧！"

"这真可怕，逃到哪里去呢？"

"逃走是不可能的。横竖他们是想要东西，才来攻打的，只要我们献出贡物，他们就会回去的。不过在这种混乱的时候，军队里那些家伙们必定会抢夺每个人家的东西，所以必须要在今天，把所有的贵重物品藏起来。"

"晓得了。现在我们就开始收拾吧！"

也不知道这是运气好，还是运气坏，大批货物已经在沙漠被马贼抢光了，所以收拾起东西，倒简便多了。

"而且，我们还有忽必烈大王赏赐的金牌，把这牌亮给他看，想必起儿漫国王，也不敢不买账吧！"

话虽是这么说，但是碰到军队在推进的时候，总是有些可怕。马撒儿吉什已经吓得脸色发青，哆哆嗦嗦地说道：

"哦，哦，请神保佑，不要使我又成为奴隶了！"

终于天亮了。起儿漫军队大概马上就会到达了吧！实在令人担心哩，快听见马蹄声了吧！这样反复想着，简直没有再活下去的心情了。

但是，城市仍然是静悄悄的。

太阳已经出来了，照射在涂有石灰的房屋上。这天特别的热，简直就和坐在锅炉里面一样，四面八方都像火烧，即使坐着不动，也是汗流浃背。

"哎，这种天气还跑来袭击人家，真是！"

热风又吹来了，真令人受不了，呼吸都快要闭塞住了。

"不行，还是泡在水里吧！"

于是，大家都脱得精光，扑通扑通地跳进水池里去了。热到这种地步，谁还管它三七二十一呢！

玛杜还是那一套轻松愉快的说法：

"哈哈，等他们来抢夺的时候，我们已经脱得精光，不需他们再来麻烦了，这倒真不错。"

这家的主人在这时说道：

"不要紧，起儿漫的军队不会来的，你放心好了。"

"哦，什么缘故呢？"

"你想想看，就是起儿漫兵再勇敢，在这样的大热天，跑这样大的平原来攻打我们，那不被活活地热死，才怪哩！"

"这样说来……"

"他们必定会等待热风吹过，太阳下山以后才来……据我看，他们也许会来夜袭也说不定。"

果然不出所料，白天过去了，还没有听到起儿漫兵的马蹄声。在太阳落下，大家从水池里爬上来，穿好衣服以后，都还没有来。

"那么，一定是夜袭了。"

"这很可能。"

当他们正在这样闲谈的时候，突然听见外边有高声喧闹的声音，和人们纷纷走过城市的声音。

"真是吓死人了。"

"不过，现在好了。大家可以放心了。"

"但是，起儿漫兵也太荒唐、太鲁莽了。在这种大热天进军，真是莫名其妙！"

"活该！这是报应啊！"

到市内去探听情况的主人，这时回来了，说：

"波罗先生，请放心吧！据说起儿漫兵在距本市15公里的地方，全部被消灭了。大概是向导搞错了。他们本来预定在早晨抵达本市，哪晓得搞晚了，所以才在大平原里遇到了热风，当然是吃不消嘛！据说全体人马都被热风给烧死了。"

这种事情真是不可思议，但事实确是如此。

大家一致认为：如果任这几千个尸体摆在城市附近不管，万一发生了传染病，那才不得了呢！所以，在第二天早晨，天还没有大亮的时候，城市的人们就赶去收埋死尸。到城外一看，大家都吓得呆住了。

书上所说的"陈尸累累"，大概就是这种情形吧！骑兵 1600 人和步兵 6000 人的尸体，散布在草原各处。马匹伸开四脚躺着，旁边有手里还拿着枪的骑兵，有脸朝下趴在地上的、有两条腿跪在地上的、有紧抱着盾牌的、有……这种凄惨的情形，真惨不忍睹。

奇怪得很，这么多死尸堆积在一块儿，却没有一点腐烂的臭气。仔细一看，才明白他们是被太阳热气活活给烧死了的，就跟把鱼或肉放在火炉子上，用大火来烧烤一样，都已经烧得焦黑的缘故。

"喂，我们来收埋吧！"

大家把尸体抬起来一看，真是可怕极了！你只要碰他一下，尸体的手或脚就会一块一块地往下掉。

这种情形除了惊叹以外，真是无法形容。

"真是的，热风这种东西怎么会这样厉害呢？"

马可不禁感叹地说。

旅途上的病痛

对于起儿漫军队的袭击，因为热风的帮助，虽然很侥幸地逃脱了灾难，但是马可一行人却找不到足堪搭乘到中国去的船。

走去一看，据从欧洲造船最好的威尼斯来的波罗看来，都是一些不能叫做船的破破烂烂的船。

第一，这地方的船不能用铁钉。因为他们所使用的木料太硬太脆的缘故，用铁钉一钉，就会像瓷器一样地崩裂。所以，他们造船的方法，是用螺丝锥子在船板边缘上，慢慢地钻一个洞，再用木钉钉进去，做成大略的船形，再用胡桃种子外皮编成的绳索，把它捆扎起来。不，不如说是缝拢起来还适当些。

为预防船底腐朽起见，他们不使用松脂或柏油，乃是用鱼油涂抹，再在船板有缝的地方，填塞旧绳索。只有一根桅杆、一个舵、一个舱板，锚也不是用铁做的。

如果搭这种船，那么一开出外海，立刻就会被海浪打到岸上去，打得粉碎。

玛杜愁眉苦脸地说：

"要是这样子的话，那还不如搭乘本尼特的半月形小船还安全些呢！"

本尼特说道：

"而且，这里的船夫也不成名堂。若不是顺风，就不能开船，风向一变，连荡橹划桨都不晓得，只有呆头呆脑地愣着。这种船夫三四十人，还赶不上威尼斯的水手一个人呢！"

"那么，只好再等等看吧！或者忽必烈大王的船会从中国开来也说不定。中国船也很好，不比威尼斯的双排桨大帆船差。"

波罗一家人就这样在等船的时候，福鲁模思的炎热越来越厉害。他们受到炎热和恶臭的困扰，对每天吃的咸鱼和枣子也厌烦了。

波斯湾的水，也比不上亚得里亚海的漂亮。

马可说：

"那不是水，那是冒热气的汤哩！而且，太阳光把眼睛都给弄痛了……海水简直像青铜镜一样地闪闪发亮。啊！头痛……"

马可说着说着，往昏暗房子角落上的板凳一坐，用手捧着头。

本尼特吓了一跳，这跟马可平常的情形不同。马可平常的为人，跟他父亲一样的沉静。从来没有发过牢骚，从来没有摆过不高兴的面孔。

当马可把捧着脑袋的手拿开的时候，他的脸色像火一样地烧得通红，哈——哈——一个劲儿地直喘气。

本尼特立刻跑出去，找到尼古拉，说：

"马可少爷很奇怪，好像在发烧。"

马可得了恶性热症，很多天很多天，都在危险状态中，好像已经不行了的样子。

"你把这张符纸在水里泡一泡，然后再拿这符水给他喝。"

波斯医生这样说，同时在一块小纸片上，写了些什么驱除邪恶的魔法文辞，把它交给尼古拉。尼古拉把这符水给马可喝了，但热度一点也没有退，反而病得更重了。

渐渐地，马可陷于昏迷的睡眠状态中。

本尼特日夜都守在床旁边，替马可扇风，替他擦汗，给他水喝，并且留心静听马可昏迷时说的胡话。

马可声音很低，毫无气力。有时像玛杜叔父一样，突然大声狂笑，有时又小声叽哩咕噜地，讲些莫名其妙的话。

本尼特到了晚上，就把马可抱到稍微凉快些的屋顶上去，白天里又把他抱回昏黑的房间里来。但是，看马可的样子，好像连自己在什么地方都不晓得似的。

有一夜，也好像认得出本尼特来了，一直盯着他的面孔，说：

"本尼特，把半月形小船弄来……今天威尼斯的天气，真是舒服极了。你听！海水的声音多么的悦耳……不行！杜纳达，不要乱开玩笑！这么漂亮的洋娃娃，都让你弄坏了啦……是的，我的家乡是威尼斯，它是最漂亮的水上都市，水道就是街道……青翠的树木、凉爽的微风，还有拍着翅膀翱翔的白鸽……"

以后，又胡说八道了一些怪话。

人在旅途中生病，都不免要想起家来！

本尼特难过得眼泪直流。

医生和尼古拉走进房里来了，注视着马可瘦削了的脸孔。医生低声说：

"在这种酷热的天气下，很难有得救的希望。还不如把他带到凉爽的山上去……"

"但是，这种旅行病人受得了吗？"

"这，我不能担保……不过，旅行总比跟酷热拼命要好些。"

因此，波罗一行就把患病的马可载在牛车上，离开了福鲁模思城。

在夜里活动的豺狼

用两头牛拉着的牛车，颠颠簸簸地走过大草原，本尼特和杜加台坐在马可旁边。

越往坡上爬，就很明显地感觉到：气温越来越低。一打开吊在帐篷窗口的毛毡，就会飞快地刮进一些凉风来。

马可的眼睛突然闪亮地睁开来了，叫道：

"哦，哦，本尼特！杜加台！"

"啊呀！这是甜瓜吗？给我一个。还有那桃子，也给我一个。"

马可已经复原了，两个少年高兴得笑了起来。马可胃口大开，一边吃着桃子一边说：

"这简直跟威尼斯的桃子一样的味道嘛。本尼特你也拿一个尝尝！"

过了起儿漫国以后，又继续单调无聊的草原旅行。最初三天，看不到干净的水，只见有乌黑的混水，味道是苦的，简直咽不下喉咙去。如果喝了一口，马上就患痢疾。因为这种缘故，人们就用兽皮做的袋囊来装饮用水，准备随时有水喝。但是，动物一到喉咙干了，就随便什么水都喝，所以容易得痢疾。

在半路上，没看见一户人家，天干地旱，一片荒凉景况。因为寸草不生，所以，连动物都无法生存。走到第四天的时候，才碰到一条河，这条河大部分都是在地底下流过，由于水流的力量，在各处地面上造成缺口，在地面上流过一段距离以后，又转入地底下。

之后他们又走了三天，通过沙漠地带，到达忽必南城。

马可到达这一带以后，热病马上痊愈了。虽然他还是睡在牛车里面，但很喜欢从窗口看看外边的风景，并且喜欢刨根究底地询问：

"这里是什么地方？出什么特产？吃些什么东西？啊？那是教堂哩！这一带信奉什么宗教？通行什么样的钱币？"

他们再往前走，又进入了沙漠地带。或许是气候越来越凉爽的关系，马可现在很明显地复原了；有时候也爬起来骑骑马，累了就睡到牛车里。

最后，终于通过了沙漠，到达通诺开因城，这地方四面八方都是险峻的山岭，到了晚上，如果不焚堆火，就会冷得发抖。

马可在蒙古包里面，身上盖着很厚的毛毡睡觉，半夜被箱子发出来的咔嗒咔嗒的响声给吵醒了。

"哎呀！恐怕是小偷来了。"

他爬下床来仔细地听，什么也听不见。本尼特和杜加台睡得像死人一样。马可终于也打起瞌睡来了。

过了一会儿，他又听见咔嗒咔嗒啃皮革的声音，便跳了起来，在满天星星的亮光下，模模糊糊地看见有六只豺狼，跳过围墙逃走了。

马可完全清醒了。看见这批夜里的小偷，像幽灵的影子偷偷地走来走去。在后边一带，他也听见有啪哒啪哒的脚步声。它们是从荒野和草原方面跑来的，数目越来越多。

马可本来想把他们两人叫起来。但是，因为知道豺狼在一般情形下是不会害人的，所以，决定等一会儿，等到万一紧急的时候再说。

他忽然想要吃点什么东西，跑到箱子那儿一看，里面搞得干干净净，除了苹果外，别的东西都被豺狼给吃光了。它们的胆子越来越大，有的还走近马可睡觉的地方来了。

"该死的东西！"

马可一边骂，一边拿了一只苹果，拼命地用力丢过去，只听见一声可怜的叫声。一只豺狼被打中了。

天终于亮了，附近村庄的雄鸡已经叫了起来。豺狼跳过围墙跑了。不久，到了商队要准备出发的时候了，本尼特才睡醒。

"哎呀！马可少爷，这是怎么回事？"

马可指着已经空了的箱子，说：

"豺狼在半夜里来偷东西吃，喂！你看……"

"该死的东西……你该叫我起来呀!"

马可笑嘻嘻地说:

"看你睡得好甜,不想吵你啦!"

以后,这一伙人就渐渐走上山路,商队的脚步也渐渐慢下来,越走越慢了。

马可听人家讲奇怪的"山上老人"的故事,就是在这个时候。

"山上老人"的故事

向导指着前面的山头说:

"山上老人的名字叫阿洛阿登。你看!就是在那两座山岭环抱的山谷当中,建造了一座美丽的大花园。

"花园里栽种着各种果树,并建造有很多美丽的宫殿,涂着红、黄、绿、青各种颜色的屋顶和墙壁,透过青翠的树叶,闪耀在夕阳余晖中,这种光景真像是天上的仙境。

"奇妙的是:在这个花园里,到处都接有水管子,里面流着甘甜的葡萄酒、牛奶、蜂蜜和清水等等,不论到了哪里,都可以喝得到,喜欢喝哪样都可以。

"而且,住在宫殿里面的,都是世上稀有的美人,这些装饰优美的女人们,不仅熟习唱歌、跳舞和音乐等技巧,并且也很会迷惑男人的心,使男人神魂颠倒。

"那么,'山上老人'为什么要在这个没人住的山岳里面,建造这样漂亮的花园和宫殿呢?

"回教教祖穆罕默德曾经以天国允诺他的信徒。他告诉他们:在天国里,有流着牛奶和蜂蜜的河流,有美丽的仙女侍候他们。现在,这个'山上老人'就在尘世上创造了天国。

　　"这个地上天国，不是任何人可以随便进来的。在天国入口的地方，建筑有坚固的堡垒，可以挡得住全世界任何强敌的攻击，除此以外，没有其他的入口。

　　"'山上老人'从各个地方，募集一群15岁到20岁的年轻小伙子，每天将穆罕默德的天国教义讲给他们听。教训他们说：如果相信回教，就可以进入天国，在那里可以欣赏奇花异草、喝酒和蜂蜜、与漂亮女人在一起嬉戏等。

　　"后来，他就把一种药水给他们喝了，等他们睡得很熟的时候，就偷偷地把他们搬到这座漂亮的花园里来。

　　"从昏睡中醒过来的青年，睁开眼睛一看，才发现自己已经住在壮丽的宫殿里了。这不是天国是什么呢！于是，他们每天和美丽女人尽情游乐，简直忘记了时日的消逝。

　　"这样子过了四五天以后，他又把那种药水给这些青年喝了，趁他们睡着了的时候，就把他们搬到花园外边去。等他们醒来时，山上老人又出现了，问道：

　　"'你们都到哪里去了？'

　　青年们答道：

　　"'好像做了一个梦……树枝上结着累累的果实，在日光下闪耀的宫殿，打扮得千娇百媚的美人……这一切，不就是穆罕默德教祖所说的天国嘛！'

　　"'唔，那么，你们已经相信了真正有天国喽！'

　　"'相信。'

　　"'好，那就听从我的命令。只有遵守我和穆罕默德的教训，幸福的天国就等着你们去享用。什么都不要害怕，只要相信我就好了。'

　　"因此，青年们就很高兴地遵守'山上老人'的命令，为老人去拼命、去死，都愿意。

　　"'山上老人'就这样子地收养了一大批青年，附近一

带的国王或富豪如果不听他的话，他马上就派遣这些青年去暗杀他们。青年们深深相信：如果为'山上老人'卖命，就可以进入那个美丽快乐的天国，他们什么都敢做。因此，邻近的国家都对这老人怕得要命，无论他提出什么要求，都不敢不答应。

"'山上老人'另外还有两个部下。一个住在大马士革附近，一个住在古尔的斯丹，跟他一样，也养有青年暗杀者。由于他们的手段非常残忍，所以，邻近一带的人，都战战兢兢地不敢惹他们。"

马可问那个向导说：

"那！那个'山上老人'现在还在吗？"

"不，他在20年前确确实实还活着，到了1253年的时候，叶尔汗的国王愤恨老人的手段太残忍了，派出大批军队，把那座城寨包围了起来。你要晓得，因为它是建筑在高耸天险上的一座城池，又有些亡命之徒防守着，所以，虽然是叶尔汗的大军，也奈何不了他，一时无法攻陷。一直围城围了三个年头，他们因为粮尽弹绝，没有办法了，才投降。后来，'山上老人'被杀了，那座美丽的花园也被烧毁了。你看……"

在向导指点的深谷里面，什么都没有，只有一些石基的痕迹和坍塌了的墙壁，散布在蓬蓬的深草里。

马可叹息地说："这真是恶有恶报，人是不应当做坏事的！"

这个"山上老人"的故事，虽然很奇怪，但却是事实。这是回教里面的一个宗派，叫做伊斯迈理派的故事。这个宗派豢养暗杀者的事，历史上都有记载。他们给青年们喝的使人昏睡的药水，名叫哈昔散，欧洲人把暗杀称作阿沙辛，就是从哈昔散这个药名演变来的。

波罗一家人以后经过撒普儿干城，到达巴里黑城。这是自古就有名的都市，又大又漂亮。

他们离开巴里黑城之后，又继续向东方前进。山岭越走越深，走了12天的山路，沿途完全没有人烟。因为可怕的马贼太多，居民为避免遭殃起见，都逃到更深的山岳里面去了。

马可或许是上次的病还没全好，又勉强旅行的缘故，热病又复发了。在半路上碰到了结伴同行的商人说：

"把少爷带到巴达克羌去，比较好些。我在害热病的时候，也是到那里去疗养，才救了这条命。你瞧，这颗红宝石就是在巴达克羌买的。你看看这种像血一样的红颜色，那是由于红宝石把我身上的热病都吸过去了的缘故。"

于是大伙儿就决定到巴达克羌去。

这条路是上坡路，越走越陡。爬完一座山，要费一整天的工夫，下坡的时候，有时也需要一天才能走完。

本尼特把眼睛睁得圆圆地说：

"喝！这就是琪必儿'盐沙漠'吗？"

哦，好雄壮的景色！在高山上边，有片一望无涯的大平原，这些都是岩盐，简直跟结了冰的海一样。

他们走在这个耀眼的白色盐沙漠上，大约走了50公里以后，盐层竟有九英寸厚。这个白色的地面，向南方望去，一直连接到很远的地平线。

向导说：

"这盐岩太坚硬了，如果不用铁锹，简直就敲不动它。这是世界上最好的纯良食盐，有好些人从很远的地方，经过30天的行程，到这里来挖盐。而且，这是一个大高原地带，所以无论怎么挖，就是挖到世界末日，恐怕也挖不完。"

血色红宝石

终于到了巴达克芜了。

它是一个林木参天的牧草高原，在高原下边，有清澈的溪流，鳟鱼不断地在水里游来游去。

高原空气新鲜，人们和禽兽到了这儿都会感觉精神格外爽快。马可的热病也痊愈了，不久，就可以去钓鱼和打猎了。

巴达克芜是著名出产马匹的地方。据说汉武帝引入中国的汗血马的原产地，就是这个地方。

蒙古马虽然顽强，不过速度不快。但是，这一带的马腿很细长，跑起来不但非常快，而且马蹄也很坚硬，不需另外钉马掌。在其他动物都不能开跑的很陡的山坡上，居民就骑这种马。

当地的少年今天又来邀约，说：

"咱们跑马去?"

本尼特和杜加台非常高兴地出去了，他们一会儿就变成好朋友。这个地方的人和蒙古人一样，精熟骑马射箭。

"来，我们赛马吧! 跑到那边小山上为止。"

生气勃勃的三匹马，啪——啪——地扬起烟尘，跑到草原那边去了，马可笑嘻嘻地看着。

马可完全复原了。由于害过病，一时瘦得像骷髅一样的面孔，现在也慢慢长圆了点。

这时，有个商人来卖宝石。这个地方是顶呱呱的红宝石巴剌思出产地，但是，国王只准许在西衣南高山上采取。

马可说：

"我想买三颗顶大的巴剌思红宝石，要像血一样绯红的颜色。"

玛杜叔父跟他开玩笑，说：

"什么！马可，你要买三颗？你打算怎么用呢？是想在两只耳朵上戴两颗，还想在鼻子上戴一颗吗？"

马可只是微笑，没有作声。

于是，商人拿出一块白布来，铺在石头上，把赤色红宝石陈列在上面。马可把那些小的撇开在一旁，最后，就只挑选了三颗鲜红的红宝石。

太阳光透过栗树叶子照射过来，红宝石现出像燃烧一样的红光！

商人大加推荐地笑着说：

"要不要？便宜卖给你。"

马可一问价钱，耸了耸肩膀，说：

"太贵了！就算一半价钱，还嫌太贵呢！"

"你别开玩笑……如果还要便宜的话，那我的老婆只好饿死了。"

"那就算了吧！我不买了。叫你的老婆饿死了，未免不好意思。"

马可站了起来，走向马匹那边去，又说：

"我去跟别的商人试试看。这地方卖红宝石的多得是呢！"

这样一来，这个把豹皮披在肩上、高个子的商人，慌忙地追赶过马可来，说：

"请你等一等！我可以跟我的老婆商量商量再说。"

他的老婆站在狭窄的山路上的骡子旁边。穿着肥大的大棉袄，是一个又肥又胖的女人，骡子都被她遮挡得看不见了。

这商人一会儿就笑嘻嘻地走回来。已经谈妥了，红宝石归马可所有。他付给商人很多东西，东西多得使骡子都驮不了了，以作为买红宝石的代价。

于是，那个老婆把驮不了的东西，都顶在头上，牵着骡子走了。

马可苦笑着说：

"那么大的力气，差不多连骡子她都能扛得动，还说什么要饿死了的话，真是!"

马撒儿吉什把很多的红宝石，用金链子穿了起来，放在黄金皮袋里。

虽然未必是因为红宝石吸收了马可的热病，但是，也和同路的商人所说的一样，马可的病渐渐好了。

过完了夏天，又经过秋天，在冬天到来的时候，一伙人就到了准备出发的日子了。

传记丛书
世界名人

马可波罗

下

杨政和⊙编著

北方妇女儿童出版社

世界的屋顶

他们终于踏上"世界的屋顶",站在帕米尔广阔的高原上。

冒着暴风雪前进

道路是沿着很深的山谷延伸，下边是溪涧激流。越往上爬，山路越险。

马可一行人现在正向着有"世界的屋顶"之称的帕米尔高原前进，顺着那好像墙壁一样陡的斜面向上爬。

他们在最后一个村庄，过了那令人觉得有死亡之感、心惊胆战的桥之后，山谷越来越窄，好像一道小走廊一样。

道路沿着断崖绝壁开拓，像蛇一样地弯弯曲曲。周围完全被大雪掩埋着，不然就是被厚冰封闭了。他们常得借着丁字斧或其他斧头的帮助，才能够一步一步地慢慢攀上去，碰到太滑的地方，还要先铺撒一层沙石，才能通过。

"哎呀——"前面大叫了一声，马可一看，原来是一匹驮着东西的马滑下去了。眼看那匹马又翻了一个筋斗，背脊骨碰到了突出的岩角，正在大家吃惊的时候，它已经坠落到溪河旁边，摔死了。

暮色掩盖到雪地上来了，最后，终于变成黑夜。但是，到达预定的野营地方，还得走三小时才行。

他们冒险往上爬，匍匐前进，在黑暗里，滑行到深不可测的悬崖边缘上了。一个人拉着马笼头，另一个人紧跟在马屁股后，以防备它万一滑下去。

他们好不容易才到达了山谷较开阔的地方，看见远处有野营的火光摇映着的时候，才放了心，松了一口气。

他们太累了，一到野营地，立刻就在雪地上撑开帐篷，准备做饭。马可心想：是不是得了高山病的关系呢？总感觉头痛难当，心跳耳鸣，看见晚饭就讨厌。

第二天一大早，驼夫们就出发了。前面就是叫作"冰山之父"的牟斯塔阿达峰，就在他们的头顶上，峰上面掩覆着闪烁的万年冰雪。这座高 7700 公尺的山峰，就是帕米尔高原和东土耳其斯坦的边界线，耸立在喀什尔山脉的雄壮山峰之中。

它是这一带的灵峰，一般人相信，摩西（犹太教的预言者）和阿里（回教第五世教祖）的遗体都埋葬在这里。

据向导说：

"在太古时代，有一位年纪很大的贤人爬到这个山上来。他看见在这个山顶上，有湖有河，白色骆驼在岸旁吃草，穿着白衣服身材高大的人们，在杏园里散步。贤人吃了几个杏儿，这时有一位老人走过来说：

'你吃了这种果子，很好。假如没有吃，那就会像我们一样，必须永久住在这里了。'

然后，有一个骑白马的人，把贤人抱上马鞍，跑下断崖绝壁去了。"

一伙人爬上白雪皑皑、令人神清气爽的陡坡，好不容易才爬上 3000 公尺高的山脊。

哦，完全被白雪掩盖着的山岳，多么伟大雄壮啊！

但是，当他们正在这里休息的时候，像怒涛一样的濛濛云层，突然从山谷里面涌现出来。这些云从脚底下吹来，吹到身上，吹到脸上。

原来以为是雪的东西，竟是像细沙一样的暴风雪。它的来势非常凶猛，打在脸上，使人喘不过气来，眼睛也睁不开。

"唔，好厉害！"

在这种情形之下，他们实在无法继续前进。

"没有办法，只好先到山谷里面避一避再说吧！"

于是，大家就在雪地上滑行，滑到陡坡下边的谷底，这里没有暴风雪了，甚至还有一点淡淡的日光。

大伙好好地休息了一天，等到暴风雪停止以后，才又继续前进。乞儿吉斯人用一根长竹竿，一面搜索雪路，一面引导前进，如果不小心一步踏空，就会猝然滑下，被埋进雪里。

玛杜笑道：

"这简直像在池沼上，打独木桥上走过的情形一样嘛！"

他们朝谷底一看，只见在一片雪白的颜色之中有些小黑点，那就是昨晚露营的地方，残留的火堆还在冒着烟呢！

这天，离露营地还有150步的地方，他们碰到了大难关。堆积着有三公尺厚的雪，把道路给埋住了。在前边走的驮马，都陷在雪里不能动了。

"真是糟糕！"

于是，大家一齐动手，把驮载的行李卸了下来，费了满大的劲，才用缰绳把马拉上来。

"这么深的雪，怎样前进呢？"马可伤脑筋地问。

乞儿吉斯人的向导说：

"我想起一个好办法来。"

他把作为帐篷篷顶用的毛毡打开来，铺在雪地上。再把驮马一匹一匹地拉着，在毛毡上面一步一步地，牵着走过去。

马可嘴里喃喃地说：

"这么恶劣的路况，全部人马要哪一天才得走完呢？"

从第二天起，道路渐渐接近谷底的溪河了。河流经过巨大岩石之间，形成漩涡，溅出白色泡沫，哗啦哗啦地怒吼着。他们一伙人有好几次，必须要渡过这种地方。

在两岸绝壁的中间，有一条宽仅几公尺的狭窄走廊，是最难通行的地方。因为溪河的水，流满了山谷，所以，到帕米尔高原去的行路人，必须溯流而上。

河流冲击山石，石头被冲滚下去。马匹都是战战兢兢地，从这块大石头跳到那块大石头上才能渡过去。驮马背上驮着行李，跳到一块岩石上去，又用全部力量，再跳到另外一块岩石上去。碰到很难跳过的地方，就由两个身强力大的汉子，分别站在两块岩石上边，从两方面来帮助马匹跳跃。

原本在花岗岩夹峙的悬崖中间，头顶上仅看得见一条细缝的天空。随着山谷的展开而现出宽阔的天空的时候，他们才松了一口气，放下心来。

他们最后终于踏上"世界的屋顶"，站在帕米尔广阔的高原上。

咆哮的狼

横越帕米尔高原，大概需要 12 天的工夫。在此期间，因为沿路见不到人烟，所以在出发前，必须有周详的准备。

本尼特在用石头堆成的灶底下生火，一脸不解地说："真奇怪，你看！"

"嗯，燃烧的火焰，跟普通的火不同呢！"

"火总是烧不旺，煮的东西也仅是半生半熟的。"

马可冷得直发抖：

"真的……可能天气太冷了吧！"

其实这不是寒冷的关系。实际情形是：因为帕米尔高原是在海拔 6000 公尺的高度之上，空气稀薄，气压很低的缘故。

因为山峰太高了，所以在山顶附近，连飞鸟都看不见一只。在积雪的道路上，沿途可见成堆的巨大羊角，这是指示道路的路标。

这里有一种羊，称为羚羊，它的犄角有一公尺半长，养羊的人除用这种羊的犄角做成饭碗、碟子和勺子等之外，又用它来做成栅栏，借以保护绵羊和山羊，预防狼群的袭击。

马匹一面哈——哈——地喘息，一面度过这个最荒凉的雪原。它们吐出来的气是白色的，气一出口马上就结冻成一颗颗的小水粒，滴落地上。马可脑袋上戴着用羊皮做的帽子，但是寒气仍刺得耳朵发痛。

到了黄昏的时候，寒气越来越重。本尼特和杜加台拼命地除雪，好让马去吃草。

大家都在帐篷里面生堆火，围着坐在火旁，把手伸出来烤火，但是，仍然觉得不暖和。他们又用火把雪融化了来喝。

最后太阳终于在澄清的天空里落下去了，把四周围的山岳染成淡红色。太阳完全沉下去以后，仅剩下一座最大的山峰，呈现出像深海一样颜色的奇怪的青光。以后，当在像死一样的静寂里，一切都化成黑暗的时候，斗大的星星像水晶盘子似的，在天空中发出闪闪的光芒。

杜加台躺在本尼特的身旁，听见在很远的地方，有动物叫的声音。他问道：

"哎呀！那是什么在叫？"

本尼特答道：

"是狗吧！"

但是，在这没有人家的高原，哪儿来的狗呢！

大家都伸出手来烤火，大声地在闲聊着，忽然又听见远处传来像狗的吠声。这两个少年偷偷地离开火堆，跑到黑暗的那边去了。

杜加台小声地在本尼特的耳朵旁说道：

"把弓箭……把你的弓箭拿来。"

本尼特握着弓箭，去追在前头走的杜加台的影子。杜加台的手里当然也有弓箭喽！他的左手还握着一根锐利的矛。

离帐篷不远的地方，围着用羊犄角编成的栅栏。再过去一点，又有一层小栅栏。

杜加台一面从雪地上拔来一些羊角，一面说道：

"我们俩来做一个堡垒吧！"

本尼特就帮着他做，用羊角堆成一个堡垒，再用雪把周围围固起来。

当他们正在做堡垒的时候，兽类的咆哮声越来越近了。

本尼特有点害怕，一边发抖一边说：

"我们回到帐篷里，告诉大家一声吧！"

"时间来不及了。紧急的时候，反正他们总会听得见那个嗥——嗥——的叫声，自然会赶出来的。现在最要紧的是：你赶快躲到堡垒后边藏起来。把箭扣在弦上……等候我的信号，可不要乱放箭哪！"

杜加台一边说着，一边跪在羊角和雪做的墙后面，把箭按在弦上。本尼特也照着样子做。

两人都不做声，这时只听见自己的心脏怦——怦——跳动的声音。不久，月亮从山那边升上来了。

杜加台用很沉着的声音，轻轻说道：

"来喽！"

不知道是什么黑影，走近来了……两个、三个……不对，五个呢！一点声音都没有，踏着雪，笔直地走过来了。

是狼！

杜加台说：

"你，瞄准右边那只。"

本尼特也完全晓得了那是狼。月光照出狼的灰色毛和露出来的白牙齿。

杜加台喊道：

"射！"

两支箭同时响了起来。右边的狼像陀螺样地打转儿，一边怒号，一边用嘴来咬本尼特射中的箭，箭射中了狼的脚部。杜加台的箭直接命中了，那狼只转了一个圈，就倒在雪地上死了。

其余的狼看到这种情形，稍微停顿了一下，猛烈地怒吼起来。杜加台又射出第二支箭，把带头的一只狼又给射死了。本尼特的手指一滑，第二箭没射中，两只狼怒吼了一声，龇着一嘴的牙齿，直扑了过来。

杜加台的第三箭，飕——地一声飞出去了。紧跟着就看见一只狼突然飞到半空中，然后啪啦一声，掉下来死了。

但是还有一只狼，它的眼睛在月光中闪闪发亮，抽个冷子就往本尼特的身上猛扑了过来。

放箭已经来不及了。

真是危险万分！

本尼特都吓呆了。

突然，有一支箭从两个少年的背后，砰——地一声，飞了过来。那只狼只喔——地哼了一声，就倒在雪地上死了。

回头一看，那是马可射出去的一箭。

有大批人喀哧喀哧地踏着雪跑了过来。是尼古拉手里举着半月形的刀，马撒儿吉什拿着斧头，玛杜背着铲子……

马可波罗

被本尼特射伤了的狼，一边瘸着脚一边在雪地上逃。追赶的马撒儿吉什，用斧头咔嚓——一声，把它的脑瓢儿给打碎了。

两位少年稍后被尼古拉叱责了几句。

在高原上坐船游荡

他们用 12 天的工夫横越高原以后，还要继续用 40 天的时间，朝着同一方向，爬山越岭，横越很多河流和沙漠，才能到达有人家住的地方。

这种辛苦的、长期的山岳旅行，到达喀什葛尔以后，就结束了。对又苦又累地走过了人烟稀少的沙漠，翻过了宽阔的帕米尔高原的人们来说，无论碰到多么小、多么简陋的市镇，都会把它看成是又漂亮又伟大的城市。何况，喀什葛尔还是这一带有名的大商业中心呢！

马可打开笔记簿，写道：

"喀什葛尔——有漂亮的花园、果树园和葡萄园。出产丰富的棉花、亚麻和大麻。"

由这儿往西方看是帕米尔高原；往南方看是昆仑山脉和喀喇山脉，山顶上堆着万年不化的积雪，耸立在云里；而北方是绵延不绝的天山山脉；仅有东边是开阔地带，形成一个大平原，和遥远的蒙古相连接。

一伙人沿着昆仑山脉的山脚下，一个紧跟一个地走过沙漠中的绿洲（古称窝集），一直向东方前进，经过叶尔羌，最后抵达和田。

在古代东洋和西洋的交通上，和田是重要都市。中国著名的法显和尚，为了到印度求取佛教经典，就曾经过本市。本市出产漂亮的地毯和碧玉（即有名的和田玉）。

马可也在他的笔记簿上记道：

"这地方出产很丰富的生活必需品：棉花、亚麻、大麻、谷物、葡萄酒等等东西。"

以后，一行人又经由培因州、车尔成州等沙漠中的绿洲，到达罗不城。

渐渐就要通过著名的大戈壁沙漠了。

商队的队长说：

"横穿沙漠，使用骆驼比马和骡子要好些。最重要的是：要把喝的吃的东西准备妥当。因为从此以后，是一个月的沙漠旅行，所以，无论人和骆驼都要充分休养以后，再行出发，比较妥当。"

"哎呀！要费一个月的工夫吗？"

"是的，就是沿着最短距离的两头走，也要一个月。一般人如果要从这头走到那头，至少要一年呢！"

于是，大家就分头去购买了很多日用品，运水的水槽四个、山羊皮做的水囊六个、面粉、蜂蜜、晒干了的青菜、干面条等等吃的东西，铲子、厨房用具和商队所必需的其他一切物品等等。

比什么都重要的是骆驼，买了最雄壮的八匹，又雇用了大批拉骆驼的骆驼夫。雇用了三名向导：名叫穆罕默德·谢的是一位白胡子的老头儿；名叫以色列·毕的是一位强壮、忠实可靠的汉子；名叫贾修姆的是一位熟悉沙漠事情的人。

这个时候已经是春天了，天气暖和，三个少年就每天骑着马到郊野去打猎。

有一天，杜加台突然把缰绳一勒，问道：

"啊！那是什么？"

在很遥远的那边，因日光的照射而闪着银白色的亮光。

本尼特叫道：

"那是水！是湖啊！"

真的是湖，叫做罗布泊。

哦，在这 6000 公尺高的高原上，居然还有这么大的湖！

对岸距离太远了，看不清楚。两人纵马到岸边一看，微波荡漾，正是一潭清澈的湖水。

马可说：

"不禁使人想起威尼斯呢！本尼特。"

本尼特对老是在山谷和沙漠里旅行，早已感到厌烦了，不禁向往地说：

"啊，啊，真想再划一划半月形的小船哪！"

"对了，我想起一个好法子来。本尼特，我们来做一只船吧！"

"呀，造一只船？"

"嗯，我有好办法。"

第二天，三个少年因为造船忙得不亦乐乎。他们把帐篷的木架子捆绑起来，把马皮和羊皮缝在一块儿，用它来把木框子包裹起来，做成船身。用帐篷的柱子做桨和桅杆，又利用铲子做舵。

这就造成了一个扁扁的、凸七凹八的、样子很难看的小船。又为小心起见，把几个吹胀了的羊皮囊，绑在右舷和左舷旁边，以维持小船的平稳。

马可笑道：

"哈哈，要是有人从天上看见这样奇怪的小船，他一定会以为这是三只蟋蟀，坐在鸡蛋壳里面呢！"

这时候，一辈子都没见过船的当地游牧人民，觉得很奇怪地跑过来看。

"咦，这个就是'船'……它能在水上漂起来吗？"

"是的。"

老年人很担心地说道：

"我看你们算了吧！坐在这上面，一定会淹死的。还是等湖水结冰以后再说吧！"

但是，小船平安无事地载着三个少年，浮在湖水上。游牧人民，男的女的老的小的都聚集在岸边，默不作声地看着。

他们大概在想：这三个少年一定是疯子吧！

皮做的小船，终于扯上帆篷，开始向湖水中心急驰。一晃一晃地被波浪摇荡着，本尼特高兴得要命。

只有一个人是一本正经的严肃面孔，那就是骑马术举世无敌、比任何人都强的小勇士杜加台，如今坐在船上就不能称雄了。

哪晓得小船从湖滨开出去，还不到一公里的时候，南方突然刮起暴风。

马可大叫道：

"本尼特！把帆篷……把帆篷收下来。"

波浪渐渐升高了，波涛汹涌，白浪滔天，小船就像疯狂的马一样地飞跑起来了。

船头咔嚓一声，就好像突然被波浪吞没了似的，船已经有一半浸在水里。吹胀了的皮囊，有一只被切断，像鸭子一样被波浪冲走了。

杜加台不顾恶浪打在头上，他拼命地在舀出船里的积水。

小船渐渐开始倾斜了。右舷的皮囊也在漏气，发出飕——飕——的讨厌的声音。

马可大叫道：

"避开波浪，赶快划到岸边去！"

马可掌舵，本尼特拉帆，拼命驶向岸边。但是，小船更加倾斜，越来越危险。

在驶达陆地以前，该不会沉下去吧!.

游牧人民有的骑马，有的走路，大家都跑到岸边来，等着看热闹，看这三个少年被水淹死的情形。

但是，这只奇妙的小船，在眼见着就要沉没的最后一瞬间，扑通——地一声，搁浅在沙滩上了。三个少年全身湿淋淋地，爬上陆地来。

马可仍然笑嘻嘻地说：

"哈哈……真好玩哪！"

沙漠的幽灵

出发的日子终于到了。

4月10日早晨，八匹骆驼先离开罗不城。骆驼驮着的东西分量很重，青铜的铃铛响声，简直跟送殡一样很沉重地响着。

就横越沙漠而言，时间已经太迟了。因为气候越暖和，沙漠的旅行便越危险。

城里的人聚集在屋顶上或街道上。他们表情严肃，看着这一行人出发。

一个老人说：

"那些骆驼驮载得太重了。"

又有人说：

"这些人不会再回来了。"

以前的旅伴玉石商人，把一些铜币撒在一行人的头上，说：

"祝你们一路平安!"

第一天,他们在沙漠和草原中间的洼地里支起帐篷;把骆驼放出了以后,又生起了火堆,用羊肉和米做了一顿晚饭。

向导贾修姆说:

"现在,预先提醒各位应当注意的:在横越沙漠的期间,任何人绝对不得离开本队单独行动。"

"如果在半路上睡着了,或者被其他什么事情吸引住,而离开大伙儿,一个人单独留下来的话,那么,立刻就会被沙漠的幽灵纠缠住。幽灵就会装出同行人的声音,轻声低语地向你说:

'喂!到这边来。'

有时候,甚至还会叫出你的名字来。如果你跟着那个声音,朝着它向前走的话,迟早会陷入迷途,越走越错,因为这样而死亡或失踪的人,不知道有多少呢!

有时候,在离开大路以后,会听到一大群商队前进的声音。但是,你绝对不能被它骗住。天亮了一看,将发现自己被吸引到很危险的地方去了。"

以后,贾修姆又谈到曾经在这个沙漠里,发生过的各式各样、稀奇古怪的故事:

"在这个沙漠当中的地方,有一座被沙漠埋没了的古代都市。在被破坏了的宝塔、城墙和房屋等等地方,到处飞散的破片之中,有时,会有一堆一堆的金银财宝露出来,那你可绝对不能跑过去看。

有些商队跑过去想捡便宜,把金银财宝驮在骆驼背上,骆驼夫好像被什么魔住了似的,自己本来打算笔直地朝前走的,哪晓得实际上是在老地方打转儿,走来走去还是没离开原来的地方;结果,拖累得疲乏不堪,就这样地累死了。但是，如果你能惊醒过来，及时把那些金银财宝扔掉的话，幽灵就不会再缠住你了，如此你才可以得救。"

像这一类可怕的故事，贾修姆说了很多。

后来他们碰到一座很高的沙丘。有两匹骆驼在那里滑倒了，必须重新把行李驮载起来。过了一会儿，骆驼才熟习这种柔软的、凹凸不平的沙地，而能很沉着地在上边走。

一天的行程一般是 20 公里。他们每次露营的时候，都要临时掘井，挖掘一二公尺以后，水才会涌出来。

马可一行走了十四五天以后，出乎意料地碰到一个小湖。湖岸旁边，树木繁盛，芦苇丛生。

那天晚上，他们就在湖的东岸搭起帐篷。

第二天，他们把行李驮在骆驼背上，向东南方走去。走了两小时左右，已经没有芦苇了，沙丘渐渐高起来。又再往前走一小时，沙丘高达 20 公尺，最高达到了 30 公尺左右。从沙丘顶上往下看，慢慢走着的疲倦的骆驼，真是渺小得很。

现在尽力地向四周望去，到处都是波浪似的沙丘，没有一草一木。

本尼特在半夜里，被阵阵怒吼的狂风声给吵醒了。仔细一听，好像是大群马队冲过风暴，从远方跑过来的声音。

"哎呀……那是什么呀？"

本尼特把马可摇醒了。他们怎么听都像是踏破沙尘、向前进军的马蹄声音。

"沙漠里怎会有马贼来袭击呢？不会有这种事情吧！"

但是，马可还是爬起来了，采取了断然的态度。

马蹄声越来越近。听到了皮革的摩擦声、剑和枪的碰撞声。杜加台也醒了，屏住气息，紧张得很。

这时，又出现了一队人马，和头一批马队发生了战斗。

人叫马嘶，乱成一片。

剑和枪猛烈砍杀的声音，用盾牌抵挡枪尖的反拨声音……在刮来的旋风中，汇集成激越的交响乐。

三个少年的觉也不能再睡了。

天亮了，熟悉沙漠掌故的贾修姆说：

"这就是沙漠幽灵演的把戏。在这个时候，如果不小心地跑了出去，一定会遭殃。"

这种情形，或许是大风在干透了的沙漠上穿过的时候，因为摩擦而引起的幻觉声音吧！

风还没有停，因为沙尘飞扬的缘故，一切东西都变得模模糊糊，关于距离和方位，都搞不清楚了；就是近在眼前的沙丘，也会把它当作是很远很远的高山。

他们抬起水槽，预备驮载在三匹骆驼背上的时候，里面的水忽然发出劈里啪啦的声音，打开来一看，水槽里面的水，剩得不多了，只够三天用的。

"不是说过：要你们装进足够 15 天用的水量吗？"

向导贾修姆满不在乎地答道：

"不要紧，只要两天就会到达河边了。"

没有办法，只好减少给每人喝的分量。

口渴的痛苦

贾修姆说只要两天工夫，就可到达河旁了。哪晓得，走了三四天，都还没有遇到。虽然尽量节省用水，但是，现在剩下的水越来越少了。

还可够一天用的水量，如果再拼命地节省一下，大概还可以维持三天。因此他们决定每人每天只准喝一杯水。已经没有多余的水给骆驼喝了。就是把水全部收集起来，也不够一匹骆驼饮用的 1/10。

酷热越来越厉害。一到中午，太阳就像一个大火球，晒得人们头昏脑涨，越烤越焦急。而且周围一带，静寂得像坟墓似的，只是没有坟头儿而已。

沙丘高达 40 公尺。疲倦不堪的骆驼，必须要爬过这座沙丘。

马可也累得要命，总是想坐下来休息一会儿。

不过，这是绝对不可以的！

再走 1000 步，然后歇息吧！

肥胖的玛杜叔父终于是第一个仰面倒在沙丘上边的人。

马可拉着他的膀子，把他拉了起来，说道：

"不能躺下去，提起精神来！"

但是，说着说着，马可他自己也倒下去了。

在沙漠上一躺，什么利害得失，一切事情都不想了，只想睡。马可只是迷迷糊糊地打瞌睡，梦见在湖旁边露营、吹在树林之间的清风、水波微兴的湖——

突然马可听见骆驼带着铃铛叮叮当当地作响，吓了一跳，惊醒了，并赶快爬起来。

这简直跟送殡的行列一样嘛！骆驼的瞳孔，已经现出死亡的影子了。它的眼神，好像完全没有气力，完全放弃一切希望，一副听天由命的样子。"

"我们不如来挖井吧！"那天夜晚在支帐篷的时候，尼古拉说。于是，大家都提起精神，拿着铲子，动手在沙里挖。

向导贾修姆嘲笑道：

"不行喽！在这种地方，就是挖上二三十年，也不会出水的。"

哪晓得，才挖了一公尺的样子，沙就开始有点潮湿了，于是，大家紧张起来，拼命地往下挖。

堆在井旁边的沙，越来越高了。后来用铁桶把沙一桶一桶地往上拉。

越往下挖，潮湿气越重。一个人累了，再换上一个人。因为天完全黑了，所以在井旁边挖了两个小洞，插上蜡烛，点起亮光来。

要挖到什么程度，才会出水呢？

"就是挖了一整夜，不对，就是明天再挖上一天，也要把水挖出来。"

马可往下窥视，看见在三公尺深的井底下，以色列·毕拼命挥动铲子的姿态，出现在蜡烛的光影里。他和骆驼一块儿守在井旁边，焦急地等候着。

以色列·毕突然停止了工作。铲子也从手里滑掉，抽抽噎噎地哭了起来，低着头坐在井底。

马可担心地大声问道：

"怎么搞的，以色列·毕？"

从井底，传来令人丧胆的声音："沙又干起来了。"

真的，沙已经变得干得很了。大家也已经筋疲力竭。

第二天，天空被薄薄的云层掩蔽，那晒死人的太阳光，稍微缓和了些。

沙丘的高度现在已达到了 60 公尺。虽然也曾站在上边，寻找地平线，但是所看到的，尽是一上一下的沙丘。这种沙丘一望无际，一直向东方连绵下去，消逝在云霞之中。

年龄最老的一匹骆驼，终于倒在地下，腿一个劲儿抽搐，瞪着呆滞的两眼，望着躲在沙丘阴影地方的同伴，再也爬不起来了。

这一行人把这匹可怜的骆驼和两个空水槽扔下来，

走了。

在日落以前，有一朵带着雨汽的乌云，出现在西方的天空。大家精神为之一振。乌云渐渐展开，吹了过来。

他们把水槽、饭碗、水壶等等都摆在沙上，把帐篷也支在沙上。

四周渐渐变黑。大家把帐篷的四角压牢，等待从天而降的救命甘霖。

哪晓得，不知道是怎么回事。乌云在接近了以后，又慢慢变得稀薄了，而且不知道什么时候，烟消云散了，太阳又无穷尽地照射着。

那一夜，听到以色列·毕直在叹气，说：

"先是骆驼一匹一匹地死掉，然后，就该轮到我们了。"

向导贾修姆说：

"我们被沙漠的幽灵给缠住啦！大家都以为是在笔直地向前走，事实上，却仍在原地打转儿，走来走去还是没离开老地方，只是白费力气而已。"

马可叱骂他们，说：

"那么，你们没有看见太阳在转了吗？每天正午的时候，都是看见太阳在右边，这怎么能说是我们在打圈圈呢！"

他们硬是不听话，还说：

"哼，还不是幽灵在作祟！要不然，就是太阳发疯了。"

热沙的诅咒

太阳像血一样地展开鲜红的颜色，在天空中升起，毫无遮蔽的光溜溜的沙丘，沐浴在日光照射之下，滚烫得像

才喷出来的火山岩浆。

骆驼和人都在沙面上映出长长的黑影子。

正午时候，贾修姆指着东边的沙丘叫道：

"乌黑的暴风雨来了！"

乌黑的横云和黄色的云，在沙漠上边展开，不一会儿，就变成一个巨大的帷幕。

哦，真有这样猛烈的沙尘大风暴吗？

就只是站着不动，呼吸也好像要塞住了一样。

骆驼把膝头一弯，趴了下来，把脑袋伸在沙上。大家都趴在骆驼旁边，把脸孔靠近它身边。

沙尘大风暴轰隆轰隆地从头顶上吹过。

每个人的身上和每件东西上，都堆满了沙，一切都埋在沙里面了。长筒皮靴、帽子、羊皮囊，无论是什么东西，都看不见了，要找就必须用手挖沙来搜寻。

等大风暴稍微平息了一点，大家才又慢慢地继续前进。现在虽然是正午的时候，但是，天空比黄昏时还要黑，就像是在夜间行走一样。

在身旁走的骆驼，也好像影子一样，的确也只能看到一点影子。青铜的铃铛声也听不见了，人们就是大声地喊叫也听不到。

传到耳朵里来的声音，只有轰隆轰隆的暴风的怒吼声。

大家必须拥挤在一块儿向前走，如果脱离了队伍，那就等于是永远的别离了。骆驼和人走的脚印儿，不一会儿就不见了。

还好，沙尘的大风暴只刮了两小时就过去了。风声一歇，热烘烘的太阳光又在头上照射了。

一滴水都没有！

他们竭尽了最大的忍耐力，才能站得住脚。摇摇晃晃地走着，倒下去，又爬起来，拖着沉重的脚步慢慢地前进。

以色列·毕站在沙丘边缘，把手遮在额角上，寻找东方的地平线。穆罕默德·谢则把脸趴在地上，哭哭啼啼地向阿拉（回教的神）祷告。贾修姆坐在骆驼旁边，两手捧着脸。

尼古拉说：

"太阳下山以后，我们把营帐收拾起来，决定晚上赶路，现在先把帐篷支起来！"

骆驼背上驮着的行李被拿了下来，在滚烫的日光照射下，它们趴在地上。

到了夜晚，尼古拉点着灯笼，走在最前头。三匹骆驼已经倒在地下，伸着头和腿，再也不动了。只好把剩下仅有的少数行李，由另外四匹骆驼分别驮运。

马可在半夜里爬上沙丘，竖着耳朵仔细倾听。离小河应当是不远了。再察看东方，能不能看到有养着羊的露营火光。

但是，四面八方完全一片漆黑，什么都看不到，也听不见什么声音。只有天上的星星在闪烁着。

这一天的白天里，他们在沙丘上，撑开帐篷休息；到了黄昏的时候，看见有一只鹊鸰在沙丘上边飞翔。

以色列·毕突然精神奋发，大声叫道：

"啊，看这只飞鸟！"

因为有飞鸟，就可证明小河就在附近了。

当太阳落在西边沙丘上的时候，他们就站起身来，拍去沙尘，穿上衣服，拖着沉重的脚步，向着东方走去。

嘴里面干燥得难受极了，浑身没有一点力气。血液变浓了，扑咚扑咚地费力地流过血管。

马可想到：

"唉！会就这样死去吗？"

从半夜一点钟到四点钟左右，大家就像死人一样地沉睡不醒。不过，天一亮，又拖着脚步继续往前走。

本尼特突然扶着马可的肩膀，只用手指着东方不做声。

"什么？"

"白杨树！"

哦，终于看到草木的影子了。这显示在沙漠的大海里，也有靠岸的时候。已经抵达矮树丛林了。

在两座沙丘之间，有三株白杨树长在一块儿。在树根底下，一定会有流水。马可取出铲子，就想挖掘，但是因为没有力气，铲子从手里滑掉了；又试着用手去挖，还是不行。

两个少年筋疲力竭，累得瘫了下来，只好坐在白杨树下。

天渐渐亮了。他们最害怕的太阳，又将出现在东方沙丘的上边，肆虐他们。

马可提起最后的勇气，站了起来。

"本尼特，来。"

本尼特勉勉强强地答道：

"我再也走不动了。"

马可只好离开最后一个伙伴，一个人单独前进。走着走着，倒了下来，待了一会儿又爬起来，慢慢爬上沙丘，又滚下来。其实沙丘很低，不过八尺高而已。

最后，终究没有了力气，马可倒在一颗白杨树下边喘气。这时可怕的困倦突然袭来，现在只要一睡下去，就会死的。

不久，听见有在沙地上走路的脚步声音，注意一看，一个黑影摇摇晃晃地走了过来。

"是本尼特吗？"

"是的。"

"来呀！已经不远了。"

两个少年就像病者梦游一样，晃来晃去地走着。

本尼特突然把马可的膀子一拉，用手指着地下。

一看，是清清楚楚的人的脚印儿。

一定是离人住的地方不远了。这也许是养羊的人来寻找他们迷失了的羊儿，所走过的脚印儿。脚印儿还很新呢！

本尼特弯下腰去，仔细检查了一下，叹息着说：

"噢，这是我们自己的脚印儿啊！"

头昏眼花地，一边打瞌睡一边走路，不知不觉地又走回老地方来了。

唉——够了够了，再也受不了啦！

哦，水鸟的声音

又爬上一座沙丘，向东方一看，在那连接在一起、一片黄色的、像锯齿一样的地平线上，出现了一条平坦的绿色线。

两人就像化石人一样地站在那里不动。

"那是树林！"

"那是小河！那是水！"

两人又振作起最后的力量，一起向东方前进。绿色的线渐渐变粗了，沙丘渐渐变低了。

到达树林，不过只差几百公尺而已。

但是，一点行动的力量都没有了。本尼特仰八脚儿倒在地上，好像就要死去了一样。

不错，小河就在这附近。两人勉强再提起劲儿，继续向前走。

两人终于走到森林里面来了。多刺的灌木把衣服都给扯破了，手上被刺得尽是伤。休息了很多回，简直是手脚并用地在地下爬行，碰到一根已经干枯了没有叶子的树杈子，横在地上。

这是杨柳树！

马可有了信心：

"不会死的了。在没有看到河流以前，绝对不能死去！"

月亮不知什么时候出来了。河床很宽，很平坦，展开在朦胧的薄雾之中。又向前走了一公里的路，东岸的树林影子出现在月光中。

这时他们简直连拖着长筒皮靴的力气都没有了。他们心想：干脆光着脚算了。

不过，他们并没有把皮靴脱掉，这倒是对了。

河床仍是干的。人们倒下来死去的地方，大概也不远了。

两个人突然大吃一惊，站住不动。他们听见鸭子、雁，还有其他的水鸟飞了起来激荡水流的声音。

"是水！是个水池子！"

两人终于站在水深20公尺，宽五公尺的池塘边。重重叠叠的白杨、柳树树影，映在水面上。

在沉寂无声的半夜里，马可为镇定心神起见，沉着气在数脉搏的跳动次数。脉搏的跳动非常微弱，几乎摸不出来了。

然后两人趴下去喝水。慌慌忙忙地大喝一阵，水是冰凉的，像水晶一样的清净，像泉水一样的冰凉，真是如获甘霖。

干透了的身体，像海绵似的把水分吸了进去。全身关节立刻感觉轻松，运动也方便得多了。干燥得像砂纸一样的皮肤，也变得柔软光滑，血脉也开始灵活地流通了。

岸上芦苇繁茂，灌木丛生。银白色的一弯新月，挂在白杨的树梢上。

灌木突然咔哒咔哒地响了起来，枯萎的芦苇发出被践踏的声音。

恐怕是来喝水的猛兽吧！

不过，马可并没有动一下。

"来了就来了吧，反正是五分钟以前才捡回的一条命！要的话就叫它拿去好了！"

但是那种声音停止了。大概是猛兽觉察到有人在，所以逃走了吧！

马可精神完全恢复了。但是，还有留在后边的父亲和叔父呢……必须要设法去救他们。这里有的是救命的水！

拿什么东西来运水呢？

对了，就用长筒皮靴吧！

两人把长筒皮靴装满了水，又往原来的地方走去。真奇怪，来的时候走了那么远才走到这个河川，现在觉得近得很嘛！

两人跑出森林，看见沙丘上边，有火光的影子。

"还好！他们还活着呢！"

"我们快点赶了去吧！"

两少年爬上沙丘。玛杜叔父累极了，蹲在那里。父亲尼古拉仰望着天空说：

"哦，马可，回来了吗？你真叫人担心呢！"

马可把长筒皮靴的水啪哒啪哒地摇给他们看，说道：

"爸爸，这是水呀！"

一直蹲着的玛杜，这时叫道：

"水！把水给我！赶快，马可！"

玛杜、尼古拉和杜加台、马撒儿吉什，以及三个骆驼夫，他们大家都把嘴放进长筒皮靴里，拼命地大喝特喝，一点都没剩，喝个精光。

马可说：

"一块儿到有水的地方去吧！很近。"

"不行，走不动了。"

"那么，等到能走得动的时候，照着我们的脚印儿，随后赶来吧！我们再去弄水来。为预防在半途迷路走失起见，如果力气大了，就请你们务必生起堆火来，好作我们回来的目标。"

马可和本尼特很有精神地走下沙丘去了。

唐古忒人的马贼

天亮以后，他们偶然碰到一个牧羊的人，由他带路，波罗家的一行人不久就到达沙州。在那里逗留了半个月，大家的身体都完全复原了，玛杜叔父也像平常一样快乐地开起玩笑来了。

沙州的佛教徒很多。马可这是第一次碰到佛教徒。他在笔记簿里写道：

"这里有很多寺院和僧侣，到处都是佛像。他们非常崇拜佛教，经常奉献，求神拜佛，热闹非凡。

有小孩子的人，为神佛而养羊，在新年或祭祀神佛的时候，带着小孩子一块儿去把羊牵到佛像面前，举行献牲典礼。

然后把羊宰了，做成菜肴，供在佛的面前，酬谢并祈

马可波罗

祷菩萨保佑小孩平安。"

一行又在沙州重新组织商队，向唐古忒州（就是现在的敦煌）的荒野前进。左边的柴达木盆地一望无际；右边的西藏山脉连绵不绝，几乎完全没有人烟。

唐古忒人是西藏人里最贫穷、最野蛮的种族，"唐古忒人的马贼"非常著名。他们袭击商队，只要有机会，无论是马匹也好，什么东西都好，一概抢走。

带来的驼夫说道：

"最近在青海，游牧人民的马都被掠夺了。"

果不其然，在最荒凉的地方，他们碰到面貌凶恶的汉子，穿着皮上衣，戴着皮帽子，目光炯炯。

不过，对方只有一个人，不必怕。

马可跟那个汉子讲话：

"你们总是在这一带打猎吗？"

"嗯。"

"不打猎的时候呢？"

"只有饿着肚皮，等到发现兽类再说。"

"冬天在什么地方睡呢？"

"在山谷或洞穴里面。"

"不怕狼吗？"

"不怕，夜晚只要生起堆火，并且我还有这个家伙呢！"汉子一边说着，一边把身上的弓箭拿出来给马可看。

"碰到大风雪，不是很糟糕吗？"

"糟糕啊！不过，总会有办法打发过去的。"

有一天，一行人在向东方前进的时候，碰到被低矮山岳环绕着的一处很宽阔的山谷。在同一方向，在山谷正当中的地方，发现有熊的脚印儿。

以色列·毕和贾修姆顺着脚印儿去找。过了一会儿，两人脸色大变，好像碰到鬼了似的，着急地跑回来说：

"唐古忒人的马贼！"

一看，紧跟着两人后面，追来 12 个骑马的唐古忒人，马蹄扬起烟尘，直冲过来。他们都是背着箭筒，手里拿着弓箭，闪电似地那样快，一下子就跑到了。

尼古拉严厉地命令道：

"马贼来了！准备抵抗！"

一行人因为正走在有五公尺高的小丘上，于是，就在那里，立刻采取防御阵势。驼夫们带着商队，躲在小丘后边。

12 人对 6 人，形势虽然不利，但是，这边已有拼命的决心。

唐古忒人知道这边已有准备，于是，在距离 150 步的地方，稍微停顿了一下，好像是在商量作战方法。他们聚集在一起，叽叽咕咕地商量。

尼古拉制止准备出手的杜加台，叫道：

"等一下！我们这边不要先射箭！"

果然，不久马贼队就不作声地撤退了。

一行又骑在马上，继续前进。唐古忒人分为两队，一队沿着横方向的山谷前进，一队循着右边山脚走，两队一边联络一边走。

或许是准备到了山谷狭窄的地方，才开始埋伏袭击吧！

马撒儿吉什害怕极了，吓得面如死灰。

"这些家伙想从岩石上边，向下攻击吧！我们回过头，走别的路。"

尼古拉仍很沉着地和大家一起前进。

唐古忒人果然在狭窄谷口的岩石上边出现了。

商队已经陷入危险境地。如果被他们从岩石后边，一个一个地瞄准射击，那还得了！

"好的，想干，你们就试试看！"

尼古拉在前面带头前进，由五个人保护着商队，随后跟进。

但是，却什么事都没有发生。

他们平安地通过了这个隘口，到原野一看，唐古忒人已经消失得无影无踪了。

不过，还是不能疏忽。

那天，他们就在荒野中露营。

一到天黑，远处突然传来野兽的吼声，其中夹杂有饿狼的嗥吠，尾音拖得很长，从四面八方包围营地。

驼夫说：

"那是唐古忒人故意做出来的，出阵之前的呐喊声音，目的在试探我们这边有没有准备。"

果然不错，马贼们在草山上匍匐前进，预备发动攻击了。因为天色漆黑，所以无法确定他们的位置。

大家都紧张地等待着，而暗处的马贼随时会飕地一声，飞箭射过来。到那时候，就只好被迫应战，闭着眼睛乱射一阵了。

事实上，这边也应当尽可能地鼓起精神来打它一仗。

以色列·毕在一分钟的时间内，连续大叫了两次。

"注意！"因为没有鼓，他就把锅拿来当鼓，打得哐当——哐当——地响。

就像这样对峙着，过了一小时又一小时，彼此还没有射过一箭。唐古忒人显然已经感觉到情形不对了。

这是很长的一夜。东方的天空渐渐有点发白了。

好了！天快亮了。

就在此刻，商队发现唐古忒人不知道在什么时候都不见了。

便利的驿站

一行人安全离开唐古忒州以后，继续朝着东方行进，共走了10天，到达肃州（就是现在的嘉峪关）以后，又抵达甘州。

在这地方，把忽必烈大王的金牌拿出来，给当地的驿站一看，那个驿站官员就询问波罗的目的何在，有什么差遣，然后说道：

"那么，请您在本市稍微等一下。现在，请先到这边来。"

说完了，就把他们一行带到一幢漂亮的大建筑物里去，里面有很多客人住宿的房间，准备有很漂亮的床铺，陈设也很讲究，令人叹为观止。

"各位都是大皇帝的客人。无论需要什么，请尽管吩咐，我必遵办。"

说完之后，那个官员就退下去了。

长期翻山越岭、横越沙漠，履险犯难的人们，现在住进宫殿般的房屋，都觉得像做了一场大梦。

本尼特向马可说：

"这简直是国王住的最漂亮的饭店嘛！"

但是，官员所说的"稍微等一下"，并不是一天两天的事，一定是先要跟忽必烈大王的宫廷联系一下，再办理一切的手续，这样得要耽搁很多时间。所以过了好几个月，那个官员才来说：

"好了，请各位上路吧！一切都准备好了。"

从此以后，就要在大王直辖的中国领土内旅行了。这次的旅行真是舒服，以前的跋涉简直无法可比。其中使马可最佩服的，是那完备的驿站制度。

从汗八里都城（称为大都，就是现在的北京）起，有很平坦的公路，像蜘蛛网一样地四通八达，联络帝国各个角落；在公路上，每隔40公里，一定设有驿站。

一行人经过的路线，是从甘州起，经由凉州，抵达万里长城外围的宁夏，又越过戈壁沙漠，从归化城到蒙古高原，此时，忽必烈大王正在夏天驻跸的上都。在人烟稀少的荒野，必定有宿驿的设备。这种宿驿之间的距离，都在50公里到80公里之间。

无论哪个宿驿，都是和波罗一行人住过的宿舍一样的漂亮。每个宿驿都准备有400匹马。其中200匹马放牧，200匹置在宿驿里，每个月轮调一次，所以政府官员不管在怎么荒凉的地方，都可以很舒服地旅行。

半路上如果有河或湖，在那儿都会准备有三四只船。

其中最令人佩服的是：在宿驿和宿驿之间，每50公里就有用小石子建造的驿舍。周围约有40户人家，住着专送快信的急差。

一行人到达那里，就听见从很远的地方，传来叮当叮当的铃声，腰上系着宽带子的男子，飞奔过来。

马可问道：

"啊，那是什么人？"

"那是专给大王送快信的急差，你看那边。"

向导边说边指着那栋石造的驿舍。身上系着同样宽的带子的男子，一听到铃声，就把铃铛挂在腰上，等候着从飞奔过来的急差手中，接到一个小盒子，然后，这个男子就开始奔跑起来。

本尼特笑道：

"哈哈，这简直像是被狼群追赶，吓得拼命奔跑一样哩！"

"这就是他们的任务嘛！专送快信的急差，用尽全部力气，传送他所负责的五公里。跑进下一驿舍，立刻再交由另外一个专送快信的急差，接着往前跑。用这种方法一天之内，就可以赶过 10 天的路程呢！"

碰到国内发生谋叛或其他重大事件的时候，就派出驿马去传递消息。由同样装束、腰边挂着铃铛的男子汉，骑着马日夜不停地奔驰，一次可以跑三四百公里。如果因为太累了，马在半路上倒下去时，那个急差就有权向在半路上所碰到的任何骑马的人，要求他把马让出来，由急差骑上，接着去跑。任何人都不得拒绝。

忽必烈大王虽然很悠闲自在地坐在豪华的宫殿里，但用这种驿传方法，就可以对国内发生过的任何事情，了如指掌。

"不错，这真是一种考虑周全的好办法哩。真不愧是世界第一的大皇帝哩！"

马可非常佩服，马上把这种驿传方法记在笔记簿上。

忽必烈大王的宫殿

层层排列的宫殿屋顶，在日光照耀下，发出灿烂的金色光辉。

洗掉旅途上的尘垢

忽必烈大王派来欢迎的使者，骑在马上，指着东方说道：

"您看那边！"

"从地平线的这一头到那一头，在一望无垠的蒙古大高原上，现出了黝黑的森林，那就是上都。"

上都在距离现在的多伦西方40公里的地方，位于蒙古高原稀有的滦河河岸，它建立在坡度起伏不大的丘陵里，是大蒙古帝国梦想的都市。

马可不知不觉惊叹地说：

"哦，这就是大王的都城吗？"

荒凉的草原当中，怎么会建设这样壮丽的都城呢！外围的城墙有四五公尺高，忽必烈大王的宫殿，雄峙在非常宽阔的花园之中，大理石的颜色极其华丽，闪烁在日光之中。

宫殿一方面面临城内，一方面连接很长的城墙，又有另外一座城墙，从宫殿的两旁伸出，围成25公里宽阔的大庭园。

在这个大庭园里面，有绿草繁盛的牧场，有潺潺流动的泉水和溪流，大王在这里饲养着各种飞禽走兽。

这里有生长着像树枝一样大犄角的公鹿、全身淡黄带有白色小斑点的母鹿、四肢细长到处蹦蹦跳跳的小鹿、咩咩叫的白山羊。来迎接的使者告诉他们说：

"这些禽兽，是大王打猎用的老鹰和豹的饲料啊！"

一行人被带到建立在庭园里的一幢建筑物内。打开窗户一看：树上的绿叶迎风摇曳，朱红桥下清澈的流水潺潺，晶莹见底的池水内鱼群悠游自在，喷泉的水花，在日光中闪闪发光，开屏的孔雀，五彩缤纷。

使者说：

"请在这里稍微休息一会儿，大王等一下会召见你们的。"

说完了，他就退下去。马可拉拉尼古拉的袖子，轻轻说：

"爸爸，这幢房屋多么华丽，简直就是王宫嘛！"

最使本尼特高兴的，是那清澈透明的泉水。

"先来游泳，把旅尘洗净了再说。"

本尼特边说边脱光了衣服，扑通一声，跳进池子里去了。

"你旅行了三年多，堆积起来的泥垢，一次游泳，也只不过洗掉一点而已。"

马可说着说着，也不服输地跳进水里了。

两少年不愧是在水乡长大的孩子。虽然正值夏天，但一跳进那么冰凉的水里，全身都感觉痛快。一会儿跳起来，一会儿游过去，一会儿潜入水里，简直像两只海豹一样地闹得浪花纷飞。

"不要嘛，本尼特，不要开玩笑。"

本尼特想在水底下捉马可的脚，却被他拼命踢了一下。

过了一会儿，本尼特的头，像海豹一样从水里冒了出来。

"哈哈。"

"哈哈。"

玛杜忽然伸出头来说：

"喂，海豹们，快点上来。快到上殿谒见的时候了。"

两少年把从威尼斯带来的漂亮衣服穿上；那是采用金线刺绣的天鹅绒上衣，黑色短外套，插着驼鸟毛的天鹅绒帽子，鲜红皮鞋，丝绸长裤。

"真是受不了，都快要透不过气来了。"

最先叫起来的是本尼特。他的衣服尺寸小了一点，把身上包得紧绷绷的，连膀子都弯不过来了。这也难怪，从威尼斯出发的时候，才不过是 14 岁的少年，现在已经 17 岁了。

"我还不是一样，你看，只有帽子可以戴得上。"马可也伸长脖子大叫。17 岁离开家乡的马可，现在已是强壮的青年了。在三年长途旅行中，晒得黝黑的脸，看起来反而觉得威风凛凛。

杜加台的手腕上，也刺有波罗家的徽章。和本尼特一样，也穿了一套天鹅绒质料的衣服。

马撒儿吉什穿的是紫色长皮袍，头上戴着红色尖顶帽子。

玛杜说：

"真漂亮，马撒儿吉什，简直像个贵族一样嘛……哥哥，你的衣服也很合身呢！"

尼古拉穿着黑底白色斑点的天鹅绒衣服，胸前挂着大王颁赐的金牌。他的胡子长得非常漂亮，其中夹杂着几根白的。

尼古拉和马可笔直地站着，相对微笑。父子俩的身材差不多一样地高。

这时候，侍卫长柯阿泰来了，说：

"准备好了吗？我带你们去吧！"

有斑纹的狮子

大理石造的宫殿，金光灿烂，令人目眩。所经过的大厅和房间，都是用金叶子粘贴的，柱子上、墙上、门窗上，都画着各种飞禽走兽和花纹。

站在宫门口的侍从人员，一边打开门，一边在他们耳朵旁轻轻地说：

"注意，可不要踩着门槛儿啊！"

这是一间屋顶很高的大厅，屋顶上雕刻着在云里搏斗的金龙。

从光明灿烂的房间进来，大厅就显得有点昏暗了。本尼特不由得想起了圣马可教堂的情形。不过，等眼睛稍微适应了以后，才晓得光景完全不同。

这里的人都一色穿着鲜红的袍子，嵌镶着黄金的腰带灿烂发光。袖口和皮鞋上的宝石闪闪发亮。在威尼斯虽然也看见过美丽的服装和宝石，但和这些人所穿戴的钻石、珍珠、黄金等等的光辉比较起来，简直不值一提了。

在大厅的正面，有一座朱红栏杆的高坛，有一把用黄金和象牙雕刻的椅子放在上面。

雍容地坐在那华丽椅子上的是雄姿英发的忽必烈大王！

他的鲜红袍子上，全都是金线刺绣的花纹，全身镶嵌着翡翠、红宝石和珍珠。他头上戴着的圆形帽顶上，嵌着一颗巨大的钻石，映着蜡烛的光，闪烁耀眼。胸前垂着用玫瑰花般大小的红宝石镶着的项链儿。

马可想到：

"就是有巴达克香第一之称的红宝石，如果跟这比较起来，真就像豆粒那么渺小了。"

忽必烈大王的态度极沉着，泰然自若。他的面孔虽是圆圆的，但和普通蒙古人不同，不是扁平的鼻子；在淡红的脸上，黑眼珠炯炯有神。

大厅里面听不见一点声音。

本尼特为这气势所震撼，吓得说不出话来，全身一阵僵硬。

一头有斑纹的大狮子，分开了人群，闪烁着炯炯的眼神，一声不响地走了进来。

狮子猛然竖起尾巴，走过这寂静无声的大厅。人们急忙闪避，大家的绸缎衣服磨擦发出窸窸窣窣的声音。

狮子突然掉转头来，用它闪闪发光的眼睛瞪着本尼特；并张开鲜红的大嘴，发出低低的哼声。

它的白牙齿、尖舌头——

啪哒一声，它把嘴巴又闭起来了，胡须一上一下地动个不停。

它背后站着一位身上刺着像蛇一样花纹的男子。但是狮子不等他来招呼，就独自走近大王的御座旁边。它到大王的面前，拱着背脊，就像猫儿要捕捉老鼠那样。

本尼特吓得气都闭住了，全场人员也惊得发了呆。

不过，狮子并没有向前扑去。这只黄色毛里杂有红色斑纹的动物，慢慢跪在地板上，把尾巴放下来，把它那很有威严的头，也低垂在前爪上面，就像叩拜一样。

突然狮子又猛然爬了起来，拱起身子和尾巴，向前走了两三步，又蹲在地上。

像这样做了三次以后，狮子就坐在挨近大王的袍子边，脸朝着外面。

忽必烈大王一动也不动地俯视着这只动物。

一位侍从走过来，敲敲尼古拉的肩膀，跟他打手势。波罗父子三人小心谨慎地走向御座前面。跟刚才狮子一样地，站起来又趴在地下，恭恭敬敬地行了三跪九叩头的大礼。忽必烈大王说：

"唔，是波罗吗……长途旅行，很疲乏了吧？"

大王的态度虽然很威严，但他的话语却很和善。

尼古拉将旅行的一切情形，详细报告了一番后，即呈献教皇赠送的水晶花瓶和耶稣墓前的万年不灭的灯油，并报告说：

"是的，我已经尽了最大的努力，但是，因为教皇的选举，出人意料地耽搁了很多时间……所以……"

大王很高兴地说道：

"你们真辛苦了。你们都很忠诚，我非常高兴。"他看见在最后站着的马撒儿吉什，说道：

"哦，你又把那曾经替我军制造茫贡诺攻城石炮的人带来了……马撒儿吉什，我真想让你亲眼看看那个奇怪机械的力量呢！"

最后，大王的眼光注视到马可，说道：

"波罗，站在你身旁的那个小伙子，看起来好像很聪明，他是谁？"

尼古拉恭恭敬敬地答道：

"陛下的臣仆，我的小孩子。一起从威尼斯来的。"

"来得好！叫什么名字？"

"叫马可。"

"好名字啊！就让他做我的侍从吧！"

茫贡诺石炮的奇功

马可一回到宿舍，一边脱下那紧小的天鹅绒衣服，一边问玛杜道：

"叔父，真是吓坏人了，那头黄色斑纹的狮子……"

"哦，那不是狮子，那是叫做老虎的猛兽哩！"

"老虎……真是训练得好咧！简直跟人一样，见了大王也知先行叩头三拜礼呢！"

马可波罗

"这次最受罪的是我了。马可，每次我的鼻子碰到地上的时候，就清清楚楚听到我的腰骨嘎吱嘎吱作响。"

肥胖的玛杜说得有模有样，还敲敲他的腰眼。

马可很严肃地问道：

"叔父，马撒儿吉什的茫贡诺攻城石炮，是什么？"

"唔，你们在游泳的时候，我曾经详细问过这件事情。现在，我告诉你们吧！"

"这是忽必烈大王的军队进攻南宋的故事。

在汉江北岸，有一座襄阳城。元军大将阿兀元帅和刘整将军，率领7万大军来进攻。襄阳是古代名城，南宋守将吕文焕也是难得的名将，所以，这城不容易攻陷。

'事到如今，不如干脆把这个城围起来，断绝他的粮食补给。'

于是元军就在襄阳城外四周的山野，组成连绵不绝的包围线，在四周丘陵上构筑碉堡，把整个城池围得水泄不通。"

玛杜叔父每逢提到打仗的事就兴致勃勃，听他讲战争故事非常有趣。

"哪晓得，襄阳城一点都不惊慌。过了一年，南宋军队还是满不在乎。因为陆地虽然被包围了，但是，南宋的船舶仍然可以在汉江通航，而且，在襄阳和对岸的樊城之间，又搭起浮桥取得联络，这样他们当然不在乎喽！

这样子，简直就像口袋底下有个漏洞，而你把那口袋嘴儿，紧紧地捏着不放一样。

'这样子不行！'

因此，这次又把樊城也一并围了起来，在汉江两岸到处构筑碉堡，派兵舰在汉江水上警戒。

这样一来，南宋军队就感到很困窘了。不过，蒙古兵虽然是天下无敌，但对于水战，总不习惯。虽然这样重重地包围，宋军仍然可以从汉江上面运输粮食，所以围攻了五年，襄阳城仍然屹立不动。

'没有办法，只好猛攻了。'

这样决定了以后，你看怎么样？"

玛杜叔父停顿了一下，接着说：

"在这时候出现的，就是马撒儿吉什的茫贡诺攻城石炮。人们先把大木料架设起来，造成很高的一座望楼，上边装置很多滑车和绳索，把绳索一拉，可以将150公斤重的大石头，砰——地一声射出去，攻打敌人。

大王看见后，非常喜欢，就命令马撒儿吉什赶造很多茫贡诺攻城石炮，运到战场上应用。

第一，先将它架设在远些的地方，砰——砰——地把石头射了出去，攻打樊城。

'哎呀！由天上降下石头来了！'

'怎么办呢？'

守城的兵士慌了手脚，想尽法子防守，但是毫无作用。飞来的岩石打坏了城楼，把城墙打穿了有两三公尺的大洞。

勇猛的蒙古兵从城墙的缺口蜂拥地钻了进去，毫不费力地把樊城给打垮了。"

"马撒儿吉什看起来胆小如鼠，居然还建了这么大的功劳呢！"

"樊城被攻陷以后，襄阳就譬如被剪掉了羽翼的飞鸟一样。于是，蒙古兵把茫贡诺攻城石炮，又搬到河那边去，开始将巨大岩石，打进襄阳城。

'咚！咚！'远处传来很凄惨的响声，城楼紧跟着塌了下来，守城的兵士大惊失色，吓得东跑西窜，没有一个敢来抵抗了。

眼见时机到来，蒙古军的大将阿里海牙骑马到城下，大声叫道：

'守城的官兵们，好好听着！你们死守这座孤城，已经有五年了。拼命为你们的君主尽忠，倒真令人佩服。不过，现在极短的时间内，城就要陷落了，你们这几万人如果无意义地战死，未免太可怜了。忽必烈大王现在命令你们，你们如果投降，大王可以赦免你们过去的一切敌对行为，并且仍旧授给你们官职，跟在南宋时代一样。你们可以仔细考虑清楚后，再来答复。'

守将吕文焕和部下商量了好久，最后，终于打开城门投降。忽必烈大王依照诺言，重新任命吕文焕为襄阳大都督，部下将校都晋升一级，编入大王的军队。

怎么样，这个故事有趣吧！"

讲完了后，玛杜叔父不禁大笑。

马可说：

"叔父，您对这件事怎么这样清楚，好像是亲眼看见一样。"

他又张大嘴巴，大笑着说：

"自然喽！这是我刚才听柯阿泰殿下讲的，我这是现买现卖，趁热儿呀！所以，在我还没有忘记时，先讲给你们听。哈！哈！哈！"

忽必烈大王的猎鹰

"马可，今天我要到庭园里去看看，你跟我一起去！"忽必烈大王说。马可现在已经成为大王所最喜欢的近侍了。

宫殿前面排列着四头象，驮着一座金色灿烂的宝舆，铺着虎皮。

大王端然地坐在那里，有一只老鹰蹲在大王左手上。

宝舆摇摇晃晃地荡着，四头象开始走了起来。

忽必烈大王这时说：

"这只老鹰，在你们眼中不过是一只普通的鸟。其实，它是世上稀有的灵鸟。那是创造我们这个大帝国——我的祖父成吉思汗大王时代的事情。"

"当时正是盛夏的时候，天气太热了，在长途行军以后，大家都口渴得要命，喉咙干得好像要发火，痛苦极了。当军队走到树木繁盛的岩石边，往下一看，有条清泉潺潺流着。

成吉思汗大王说：

'这真是甘露咧！'

于是就下马来，用杯子舀了泉水，正想送往嘴里喝的时候，突然一只老鹰飞来，用翅膀一弹！啪——的一下，把杯子给打掉了。

大王骂了一声：

'这个浑蛋！'

就毫不考虑地，一刀把老鹰给杀了。

只是，哪晓得这泉水里面，含有头顶的树枝上毒蛇吐的毒液。成吉思汗大王如果要喝了那杯泉水，一定会中毒死去。可怜忠实的老鹰，牺牲了自己，救了大王的命。"

在闲聊的时候，象舆已经进入宽阔庭园里的草原上了。在蔚蓝的天空里，翩翩飞来的是什么鸟呢？

"唉——"的一声，大王恰好在这个时候，把老鹰放了出去，老鹰就像射出的快箭一般，飞上了天空，一下子就把那只鸟给抓了回来。

"哈哈，不错吧！"

说时，大王露出愉快的笑容。

大王有时候抱着花豹，骑着御马，在庭园里面打猎。不管是鹿也好，是羊也好，或者是兔子也好，只要被猎的禽兽一出现，豹就会从马上跳下来，迅速疾跃过去，把猎物给捉回来。

这些禽兽的肉，就成为老鹰和豹的粮食。

忽必烈大王虽是住在壮丽的宫殿里，但他的血管，仍然流着令人战栗的蒙古人的血。

在庭园的美丽森林里面，建造了一座非常漂亮的"竹殿"。竹柱上都涂有美丽的金箔或红漆，刻有金龙尾巴的浮雕，龙头昂扬起来，支撑着屋顶的突出部分，龙爪伸向左右飞舞。

竹柱直径30公分，长18公尺，都是竹子做的。屋顶也是竹子做的，涂有油漆，以防腐烂，跟帐篷一样，是用两百多根很强韧的丝绳索，从四面八方拉紧架起来的。

在夏天，大王最喜欢住的地方，并不是富丽堂皇的大理石宫殿，反而是可以到处搬动的"竹殿"。

大王每年在6、7、8三个月，驻跸在消夏的上都；到了8月26日，就启程回到正式的都城大都（即现在的北京）。这时候就和帐篷一样，把竹殿分别拆卸开来，搭在牛车上运走。

"大王出发了！"

号令一发出，场面就热闹非凡。首先将白马的马奶，洒在道路上。这些奶是饲养在大王马厩里面的一万多匹像雪一样纯白色马的奶汁，除大王一家人以外，任何人都不得饮用。

据说：在8月26日，将马奶洒在大地上，可以保佑本年风调雨顺，五谷丰收。

大王通行的道路，普通老百姓不得通行；就是多耽搁一天半天，也要绕道而行。

大王壮丽的行列，横越蒙古大草原，沿着永定河，经由八达岭，向大都前进。

皇城禁地

马可骑在马上，睁大了眼睛一看，说道：

"哦，这才是真正的皇城禁地哩！"

在连绵几十公里的城墙周围，都是雄伟的城堡，层层排列在里面的宫殿屋顶，在日光照耀下，发出灿烂的金色或绿色光辉。

展望大都这种壮观的景象，才晓得从前赞扬的上都，两者根本无法相提并论。

走近了一看，大概有10公尺高的高耸城墙，屹立在大平原之中，周围共计40公里，每边10公里，为正方形的一个大都城。

全部共有12个城门，每座门上都建有巍峨的城楼。在四个城墙角上，也建有城楼，所以每一边城墙上，就有三个城门和五个城楼。

城楼里面，都有很宽的房间，贮存着城内警卫军所用的武器。每个城门都配置有1000名士兵，担任警卫。

进了城门一看，街道又宽又直，从头到尾，从这边城门到那边城门，都可一直望过去，像棋盘一样划分得整整齐齐。城内有宽阔庭院的大臣宅邸或贵族宫殿，紧密地排列着。

像公园一样美丽的城内，非常安静。

"大都的真正繁华地方，是在城外。"

这个广大的城里，事实上，都是住着和大王有直接关系的人们，普通人都住在城门外边。城外面都是以城门为起点，一直延长有五六公里之远，所以，它们的人口比城内还多。

外国商人和旅客都住在城市外面。在离城门有一公里半的地方，开设有很多美丽的饭店，从各处前来谒见大王的人们，向宫内贩卖货物的人们，在本市交易的人们，都住在这里，终年客满。

从世界各地运来这么多贵重物品、这么多珍奇异玩的都市，在世界上还没有第二个。印度出产的珍物奇品，中国各地的有名物产，从遥远的欧洲各国运来的山珍海宝，都运到这个都市里来，作为献给大王的贡物，或供王公贵族、豪门富户采用。

"你看看，那些络绎不绝的牛车和骆驼的行列！一年四季不断，只载运绸缎的车子，每天就有成千辆进入市内。"

所以，市内真是非常热闹。每家店铺都挂着金字招牌，竖立着染有红底白字的旗帜。白天不消说，就是晚上，来往的行人也是很多。

"不过，在这都市的中央，建立有大钟楼，一到夜晚，就敲出哄——哄——的响声。钟敲三声以后，就不准再在街上通行。每夜都有三四十人的警备队在市内巡逻，碰着在时限以外，还在街上游荡的人，就抓起来。第二天早晨，由官员加以调查，要是找出犯罪的证据，即予以严厉的处罚。"

除市内的这种繁华以外，更使人惊异的是大王的宫殿。在外城南边，有一座周围六公里的白色城墙的内城，内城有八座壮丽的城楼，那是大王的武器库。

内城南边的城墙，有五个城门，当中的一个城门，除大王出入以外，其余的时间都是关闭着的。它旁边有两个城门，是王公大臣出入的，另外在城墙犄角的附近有两个

马可波罗

城门，是一般人出入的。

进入内城以后，里面是一片广场，那是一座美丽的庭园，栽培着各种果树；遍地青草上，有白公鹿、黄底白花的母鹿、羚羊、松鼠和麝香鹿等等，在那里逍遥游荡。

道路高出地面一公尺，铺着石板，所以下雨也不会积水。顺着道路走去，有第二道白色城墙，共有八座城楼和五个城门。

在第二座内城里面，才是大王的宫殿。

这是历来世界上任何地方都未曾有过的最大的宫殿。北边和城墙连接，南边是一块大广场，贵族和军队经常来来往往。

宫殿建筑在两公尺高的高坛上边。屋顶很高，绘有朱、绿、黄、蓝等各种色彩，像水晶般的闪耀光亮，非常美丽。

四周围围有和宫殿殿基一样高的短垣，外围构筑有用石柱支撑着的阳台，可以眺望外边。

踏着雄伟的大理石阶梯走上去，进入宫殿。整座大厅和房间的墙壁，都涂着金银，雕刻着美女、骑士、龙虎、花鸟等等美丽的图案。大厅非常宽阔，可以举行6万人的大宴会，房间的数目，多得令人不敢相信。

在内城西北方，有一个清澄的湖泊。湖内饲养着各种各样的鱼，以供大王随时食用。有一条溪河注入湖内，再由湖中流出，出入口设有铁网，以防鱼类逃出。

湖那边，有座假山，是用从湖内挖出来的泥土筑成，高一百公尺，周围宽一公里半，为一座美丽的丘陵。全山不仅栽遍了常绿树木，而且嵌着浓绿颜色的石头，没有一个地方不是翠绿的，所以称为"绿丘"。

在绿丘顶上，有座美丽的宫殿，里外都是用绿色涂的。因此，丘陵、树木和宫殿融为一体，景色宜人。

全白色的宴会

新年到了。

忽必烈大王这天穿着纯白色的绸缎衣服，上面镶满了珍珠和宝石，闪闪发亮；据说白色是"幸福的瑞兆"。

不仅是大王，就是其他全体臣仆也都穿着同样颜色、同样款式的衣服，腰围金带。宫殿里这天所有的人都是上下一片白。

所以庆祝新年的典礼，称为"全白色的宴会"。

这些衣服和带子都是大王的赏赐。不仅是新年这一天是如此，一年之中，每逢庆祝典礼，大王就以颜色不同的美丽衣服，赏赐给王公大臣，共计有 13 次之多。

这一天，本尼特站在城门前，观赏这种盛会。

"哦，来了，来了！"

大王饲养的五千余头大象，披着用金丝银丝刺绣着鸟兽、闪烁光耀的白衣走来了；它背上驮着装有金银的碗碟、贵重用具和宫中"白色宴会"用品的箱子。后面跟着来的，是驮着同样物品的骆驼行列。

好宏大的场面！

向大王宣誓效忠的各国国王、各州县、各政府、各地方都呈献金银珍珠宝石和各式各样的美丽编织物等等贡品。在这一天，全世界人民呈献给大王的装饰得很漂亮的白马，超过 10 万匹以上。

新年早晨，在宴会以前，王公大臣和各地方官吏等，都来到大殿里，向大王恭贺新年。大殿容纳不下的人们，就站到殿外大王可以看到的地方。

等大家站在规定的席次以后，就由司礼监大声叫道：

"叩头拜年!"

所有列席人员全都跪下叩头,就像对神仙一样地向大王致最高敬礼。

跪下叩头四次以后,人们再恭恭敬敬地走到装饰华美的祭坛前面,毕恭毕敬地点上香,插进黄金的香炉里,然后再退回自己的席位。

典礼完毕后,就开始宴会。

大王的御席设在最高的地方,在大殿前端,面向南方坐着。左边是皇后的席位,皇后的左边是皇子、皇妃和贵族等等。他们的席位都很低,坐下以后,他们的头部仅能达到皇帝的脚下。再下去是大臣的席,位置更低一层,都是按照官阶的顺序,一层比一层低,摆满大殿。

所以,聚会人员无论怎样多,大王都可以从头到尾,全部看得见。

不过,并不是全体都有席位可坐。没有座位的普通将校和官吏,都坐在大殿的地毯上面聚餐。殿外参加宴会者约有四万人之多。

在大王御席附近,放着非常富丽堂皇、涂金的大箱子,外侧高约三公尺,上面雕刻着栩栩如生的动物。箱内装着盛满了酒的纯金大酒壶,用勺子把酒舀出来,再装进更小的小酒壶里,然后分送到各席次上去。

在桌子上面,放着一套有柄的黄金酒杯。

照料大王饮食的人,都是地位崇高的人,嘴上戴着很漂亮的用金丝绣的绸口罩,这为的是不让呼吸的气息触及大王的杯盘。

大王举杯饮酒的时候,从席座的末端,奏出嘹亮的音乐,列席人员都跪着敬礼。大王每次举杯饮酒的时候,都要举行这种仪式。

典礼完毕后，就停止了一切仪式，自由聚餐。宴会完了，再调整一下座位后，便开始演奏热闹的音乐。很多艺人和魔术家来到殿上，向大王和客人献艺。

大家开怀畅饮，尽情欢乐之后，"白色宴会"才告终结。

砍碎了的脑壳和手脚

参加白色宴会回来之后，马可一边解下大王赏赐的白色衣裳和黄金腰带，一边说：

"哎呀！真是把我吓坏了，大王的酒杯！"

"呀，那一定很漂亮喽？"

"嗯，漂亮自然是漂亮……不过，奇怪的是，每逢侍者把酒给酙满了以后，那个酒杯就会自动地飞到大王的手边去。"

"真的吗？"

"自然真的喽！我不骗你，这是我亲眼看见的嘛！"

但是，杜加台还是不相信，他说：

"这不过是你自以为看到罢了。其实宫内有著名的魔术家，这么一点小玩意，用一点障眼法，就可以把人们的眼睛骗过去。"

"唔，可能是魔术喽！不过……"

马可不想再争论下去，于是，就带着本尼特和杜加台到院子里去玩。

外边，苍茫的暮色渐渐迫近了。

这时候，有一个穿着黑色长袍的大汉，很悠闲地在前面走着，一大群人慢慢地跟在后面。

有一个胖胖的少年，跟着他旁边走。

杜加台说：

"他的名字叫作香东山，是一位著名的魔术家。"

这位魔术家一停下来，群众马上就围拢在他的身旁。少年从篮子里取出一根很长的绳子。

"呀！这种魔术，我看过一次了……马可少爷，不要朝着那个汉子所说的那边看，你只管盯着往下边看。

还有，本尼特，你要照着那个大汉说的，往上边看。"

魔术师把那个绳子往天上一扔，大声叫道：

"喂，大家请看，绳子自己会朝天上爬，一直爬到云里边去！"

本尼特一看，真的，绳子就像一条蛇似地，爬向天空中去了。

魔术师接着又说：

"小家伙，该你爬这条绳子了！你以前偷过我一把小刀子，今天去把那把小刀子给我拿回来！"

那个少年听他说完，马上就开始爬绳子。

"喂，小家伙，你在干什么？你这混蛋，为什么不把小刀子给我拿回来……哎呀！不见了吗？哼，你别躲到云里边去！"

就在这个当儿，只听见少年在头顶上很远很远的黑暗处，说话了：

"怎么搞的？小刀子会不见了。你饶了我吧！"

"胡说八道，你这个坏蛋！好的，我来追你，我不会放过你的。"

魔术师说着说着，也开始顺着绳子爬上去了。

杜加台拉一拉马可的袖子，说：

"你不要往上看，不要上他的当看上边！"

本尼特张着嘴，仰着头，目不转睛地看着上边，看见魔术师的黑袍子渐渐消失在黑暗的云彩里面了。

听见魔术师咒骂的声音，和少年告饶的声音，他俩你一言我一语地，从云彩里面传了下来。

"唉！你偷了我的小刀子不肯拿出来，你这个扯谎的坏家伙……有你好看，我要你尝尝小刀子扎的味道……哼，我非宰了你不可，先把你的膀子割下来……再把你的脚砍断……最后，把你的头割下来！"

本尼特吓得目瞪口呆地抬着头向上望，随后就听见少年拼命地又哭又叫的声音，后来就看见他的手、脚、脑壳，一块一块地，一个接一个地，从天上掉了下来。

之后，魔术师左手拿着血淋淋的小刀子，出现了。

"不听老板话的小伙计，就得这样处罚他。"

魔术师边说边把那砍碎了的少年四肢及脑袋，扔到墙那边去了。

"不过，我还得再找一个小伙计来接替的。"

这么一说，香东山就啪——啪——地把手一拍，真奇怪，那不就是身穿紧身衣，头戴红帽子，那个胖胖的少年吗？现在，又从那儿跑过来了！

群众拍手喝彩。

杜加台问道：

"马可少爷，你看怎样？"

"嗯，我懂得了。他们既没有在绳子上面爬上爬下，也没有把身体砍碎，更不会拼凑在一起。"

马可大声在谈着，魔术师掉过头来，用炯炯发光的眼睛，瞪了马可几眼，然后，又装作没有听见的样子，仍朝向那边走去。

本尼特说：

"但是，我确实清清楚楚地看见那个大汉，爬上了绳子，又把小孩子的肢体切断，一块一块扔下来的。"

杜加台边笑边问道：

"那么，你看见什么了哪？马可少爷。"

"我不往上面看光是看着底下，我发现那个少年先躲进大汉的黑长袍子里去了，然后，趁大家闹哄哄的时候，从后边的门口逃出去了，跑上城墙，等待老板一拍手，他又跑了过来。"

"那么，大王的酒杯，还是在空中飞过去的吗？"

"不，酒杯既没有飞，绳子也没有爬到天空里……不过，能使这么多人信以为真，这手法也算是高明的。"

本尼特这时看见香东山的炯炯目光又瞪了马可一眼。

往南方旅行

马可很讨大王的欢心。有一天，大王说道：

"你再去旅行一趟吧！我喜欢听听有趣的旅行故事。别的人旅行回来以后，除了报告事务以外，别的话什么都不说。"

"而且，听说最近到处都在埋怨征收税款的办法太过于严苛。各地方官吏到底在搞些什么，关于这点我也要你去考察一下。"

于是，马可就带着本尼特和杜加台，再去旅行。

这是一次很长很长的旅行。

过了芦沟桥以后，道路分为两条。马可往西方的道路前进，走了十天，到达太原府。以后又经过平阳府、大庆关，看到哈剌木连河（就是现在的黄河）。

据说：

"这条河太大了，没有办法架桥……因为它的河面既宽，而河水又很深哩。"

以后，经过西安（就是从前的长安），再向西进，经过栈道，进入汉中平原。汉中府从前称为巴里巴里州，从这里起，土地都是平坦的。

然后，道路又进入险峻的山中，这就是所谓蜀中的栈道。

山谷峻深，非常雄伟，水势湍急，哗哗地向岸旁冲击。大雕翱翔在高耸的山壁之间，山鸠咕——咕——地鸣叫。

山谷越走越窄，道路构筑在谷底上边一百多公尺高的地方。它是在悬崖峭壁上面，挖凿几个石缝，插进几根铁棒或木材，再在这上面铺装木板而成；所以栈道的宽度，有时只有三十英尺宽，下边是很深的山谷，就好像张着大嘴在那儿等着似地怕人。

马可吓得心惊胆战地说：

"在这种地方，居然还建有庙呢！"而且，据说有一个和尚，在三年前发下誓愿，决心把自己关在这个庙内的洞穴里不出来，在洞里面了此残生。

偷偷地一看，洞里漆黑得什么都看不见，一点人影都没有。

马可向引路的和尚问道：

"这个洞里面的和尚，能不能听得见我们在谈话？"

他答道：

"不能，墙很厚，听不到的。"

到达成都以后，才算放宽了心。在四面八方都是险峻山岳的蜀地（即四川省），境内河川纵横，到处都是河流，各种物产都很丰富，在历史上时常闹独立，并以成都作京城。

从成都往下流的河就是长江，悠悠地流过中国中部，进入大海。

离开成都，再在平野和溪谷之间旅行，最后终于进入西藏。

"到了西藏以后，要好好注意喽！那儿连白天都有野兽出没，尤其是老虎。"

有人这样警告他们，原来当年蒙哥汗的军队侵入西藏的时候，曾经在这地方大肆掠夺烧杀，因此他们旅行了二十几天，沿路看到的，尽是些废弃的城市遗址。

这个地方出产很多大型的竹子。竹身粗约30公分，长15公尺，据说砍很多竹子来，到了夜晚，把它燃烧起来，就会发出啪——啪——的可怕的爆音，老虎和熊以及其他野兽们，都给吓跑了。驱逐野兽，使用这个方法最为有效。

杜加台说：

"那么，如果没有这种竹子，谁也不敢到这地方来旅行喽！"

以后，又经由建都进入云南，再经过昆明、永昌，沿着大金沙江（即伊洛瓦底江），往下游走去，就到了缅国，那就是现在的缅甸。

"哦，好美丽的宝塔！"

马可看到那微带圆形、高耸入云的宝塔的优美姿态，不免徘徊很久。

这是缅甸的王爷在临死的时候，留给子孙们的遗嘱，叫他们在自己的坟墓旁边，建立金银两座宝塔。先用美丽的石头造成宝塔，再用三公分厚的黄金，涂覆在一座宝塔上；另外用同样厚的白银，再涂覆在另一座宝塔上。

金塔上边吊着金铃，银塔上边吊着银铃，每逢有风吹动，就会叮叮当当地发出清脆的响声。

马可的旅行，就以此地为终点。以后，就经由安南北部，一直往北走，再经过成都；回到大都来的时候，已经过了两年的岁月了。

有脚的大蛇

马可长途旅行回来后，大王非常高兴，很喜欢每天听马可讲旅行的故事。

"金齿国的人，男女都是金牙齿。它是用很薄的金片，包在牙齿上，因为做工很细腻，所以能够跟牙齿完全密合，不会掉下来。

还有，男人的手腕子和脚脖子，都戴着黑链圈。那是用骨盖骨连结起来做成的，深深地嵌进肉里面去，一直到出血为止。再用黑色染料，涂敷伤口。这种黑色纹刺，是绅士的象征。"

大王也提出很多质问，马可都一一做答。

大王突然问道：

"不过，马可，好久没看见你了，你的面貌都改变了。从下巴到耳朵旁边这一带，是怎么搞的？"

马可脸上变得通红地答道：

"嗳，这……是胡子呀！"

大王意味深长地说道：

"哈哈，你大得长起胡子来了！那么，你也应该慢慢地练习练习做重大的事情喽！"

看到马可回来，最高兴的人是阔阔真公主。这位七岁的小女孩，只要有空，就缠住马可不放，要他讲南国的奇异故事。

"嗯，有脚的蛇……这故事以后怎么样了哩？"

"哦，你说云南大蛇吗？它有 10 公尺长，身围有两公尺粗，像一个细长的木桶，这种大蛇，在前面靠脑袋的地方，有两只短小的脚，在肚子旁边，也有两条后腿。"

"马可，真的是你亲眼看见的吗？"

"当然喽！它的脑袋很大，两个眼睛就像大面包一样，嘴里面有很大很尖的牙齿，可以把人整个吞下肚子里去呢！"

"哎呀！真可怕。"

"当然可怕喽……云南这个地方，白天非常热，这种大蛇就躲在地底下，一到夜晚，就出来找东西吃，无论是哪种野兽，它都捉来吃；有的时候，找到了老虎或熊的窝，就把它们的小孩子吃个精光。"

"不过，要是被它们的妈妈碰到了，那还得了！"

"那才真是一场大战呢！我看见过这种大蛇和老虎在夜晚大战的情形，连勇猛异常的老虎，都不是蛇的敌手。无论老虎是怎么抓它，怎么咬它，因为大蛇全身都披有像松树皮一样厚的鳞甲，所以啃不动也抓不透。最后，老虎也没有办法，只好夹起尾巴逃走了。"

"哦，真厉害！那么，要是碰到人的话，它就会一口给吞下去喽！"

"如果不小心，被它碰到了，那就准完蛋。您看，像小船什么的，它只要用尾巴一扫，就会打翻。不过，人是聪明的动物，知道捉蛇的办法。"

"怎么捉呢？"

"每天晚上，这种大蛇要到河里、湖里，或者是泉水旁去喝水。因为它的身体太重，所以，在它经过的地方，在沙土上，都会留下一道它走过的痕迹，就好像拖过一根大木头一样。

土人一发现它的痕迹，就在那里，把几根很粗的木桩，结结实实地打进沙土里面去，在木桩上面，装上像剃胡子刀或者枪尖那样锋利的铁刃。装置好了后，就在这道壕沟上面，铺上沙土，以免引起大蛇的怀疑。

在它经过的地方，到处都安上这种木桩和利刃，大蛇经过这里，一下子就会被这种尖刀给划破肚皮，一直划到肚脐眼。蛇的鳞甲虽然很硬，但它腹部的皮却很薄。"

"大蛇就这样子死掉了吗？"

"这一下子就完蛋了。而且这家伙一死，飞鸟们就会嘎嘎地叫起来，所以一有这种情形，人们立刻就晓得了。猎人马上就赶来，先从它的肚子里，把肝脏取出来。蛇肝蛇胆是很贵重的药品，可以卖很多钱。"

"蛇肉呢？"

"蛇肉也可以卖。我也曾买来吃过，很好吃。"

公主尖叫道：

"啊呀！你还吃过呢？真恶心。"

笑嘻嘻地在旁边静听着的大王，突然插嘴说：

"马可，你讲的故事，大概都还正确，不过，那不是蛇哟！"

"呀！？"

"世界上从来没有什么有脚的蛇，那是鳄鱼，这种动物跟蛇完全不同。从你到过的安南，再往南方去，那里非常的多。"

大王有各方面传递来的报告，所以关于动物的知识，自然比马可要丰富得多。

马可波罗

中国的命运

只要是蒙古兵铁蹄所到的，蒙古兵
弓箭所能飞到的地方，都是我们的家乡。

黄金国日本

宫殿里面好像很嘈杂似的，将军和大臣们进进出出也很频繁。

据说他们正准备征讨日本国。

"日本国是在中国东方海上的一个大岛，很早就和中国有交通来往，文明也很发达，黄金多得无法计算。

最使人吃惊的是这个岛上王爷的宫殿。它的屋顶和中国宫殿的红、青、绿、黄色的砖瓦一样，全部都是用纯金铺成的。

不仅如此，连宫殿的石基、房间的地板、门窗，都是铺着有两个手指厚的黄金。

因为日本国王禁止黄金输出，这个国家又位于辽阔的海洋上，来往商人也少，所以国内积蓄很多黄金。

这个国家又出产很多珍珠。虽然是桃红色的珍珠，但那圆滚滚的美丽大珍珠，也和白色珍珠一样贵重。国人在死了以后，习惯在火葬前，让他嘴里含着一颗珍珠，和其他很多稀奇的宝石。"

马可吃惊地说道：

"唉！居然还有这种国家！"

（以后，马可波罗曾把当时所知道的一切事情，记入他所著述的《东方见闻录》中，因此，欧洲人都认为在中国的东边，有个叫做日本的黄金国。哥伦布探险的目的之一，就是在寻找这个黄金国。）

"大王为什么要放弃这样好的黄金国呢？"

"不是的，大王曾经有好几次，派遣使者到这个国家去，叫他们呈献贡物，但他们根本不理睬。最后，居然敢

马可波罗

169

把大王的使者给杀掉，所以大王才决定派兵征伐。"

"这是什么时候的事情？"

"那是你们来到中国的前一年，现在算起来，该是七年前的事情了。远征军曾在日本博多湾上陆，像暴风雨一样地进攻。但是，日本人真是一种荒唐鬼。据说有一个日本人，一边不知道在乱喊乱叫些什么，一边又单骑冲进这边密集的部队里来。讲打仗，可以算得是世界第一的蒙古兵，居然也大吃一惊。"

"于是陷入混战之中，在尚未完全占领博多市的时候，天已经快黑了，迫不得已，全军就先退回到军舰上。哪晓得，当夜突然刮起大台风，停泊在博多湾的军舰，全部沉没，仅有几只幸免于难，逃了回来。"

"这真是可惜啊！那么，这次呢，是不是想复仇？"

"嗯，是的。上次征伐日本的时候，因为尚未平定南宋，到底是先征伐日本呢？还是先平定南宋呢？议论纷纭，莫衷一是。南宋虽然已经衰弱，但却是占据中国大陆南部的大国，和这个比较起来，日本仅是小小岛国。于是决定先解决日本，派遣军队远征，所以才引起这样的失败。

而且，南宋国的平定，出人意料地，很轻易地就解决了。现在，整个中国全部都是忽必烈大王的领土，剩下的就只有日本岛国一个了。所以这次决定派遣大军，一举消灭日本。"

"远征军已开始行动。大王派遣的军队分为两路，东路军是由蒙古兵、汉军、朝鲜兵等所组成，兵力合计4万人，搭乘在朝鲜半岛制造的兵船九百艘，从朝鲜的合浦出发。

另外一路是江南军，大部分是新收编的南宋军队，兵力合计10万人，搭乘兵船3500百艘，从长江口的庆元（即现在的宁波）出发。

两路合计14万大军，它的作战计划，是预定先在壹歧岛集合，准备一举征服日本。"

元朝的将军们威风凛凛地从大都出发，满以为：

"派这样大的兵力去征伐，这次毫无疑问必定是大胜，而且还要带很多金砖回来做纪念品呢！"

征倭之役

过了半年以后。

战地有零星的报告送来，事情并不如意。最初的报告说：

"东路军4万人搭乘兵船900艘，5月3日出海，向日本岛前进。"

这真使人感觉奇怪：

"怎么这么早就出发呢？不是预定东路和江南两军，应于6月15日，在壹歧岛集合吗？大概是这些家伙们想抢功吧！他们可能是打算洗雪上次的耻辱，趁江南军还没有到来之前，先由自己来攻打日本吧！"

果然不出所料，接着另外有一个报告说：

"6月5日，我军进入博多湾，立即开始攻击。"

但是，下一个报告就糟糕了，它说：

"敌军从上次战斗以后，在这七年之间，在博多湾沿海一带，构筑了连绵不绝的碉堡，坚守应战，因此，我军无法上陆。敌军反而五人或十人坐一只小船，袭击我兵船，用竹耙子耙住我们的船只，跳上来，挥刀乱砍，真不容易应付。到了晚上，又用小船来偷袭，放火来烧我们的兵船。这时，因为我军在船上生活过久，水土不服，很多人都生病了，很难管制。没有法子，只好暂时退到壹歧岛，等候江南军到来再说。"

正在这时候，第四个报告来了，说：

"敌军搭乘小船，对壹歧岛逆袭。他们激昂的斗志真令人害怕，我军损失惨重，因此，只好等江南军到了再说。"

这不行！江南军怎么搞的？

奇怪的是：本来早就应当到达壹歧岛的江南军，到现在还没有离开长江。好不容易到了6月18日，全部舰队才从庆元港出发。

江南军慢慢开始在平户岛集合；接着这个报告以后，东路军也撤退到平户岛。这是7月上旬的事情。

上都的参谋本部急得要命，认为：

"还在慢吞吞地搞什么！再不赶快进攻的话，就要进入台风季节了。"

但是，平户岛方面，两军的决策始终游移不定。

在14万大军之中，战意顶旺盛的，自然是蒙古兵，不过他们的人数，还不到全军的十分之一；其次，才是汉军和朝鲜兵。而占兵力之大部分的南宋兵，因为是奉了大王的命令，才不得不出征，所以从开始起，就没有什么斗志。

经过拖延不决的会议后，江南和东路两军好不容易才从平户岛出发，准备大举进攻敌军巢穴博多湾，在途中到达鹰岛的时候，已经是7月底了。

正当我军兵船一边驱逐像蝗虫一样纠缠着前来袭击的日军小船，一边前进……

"哎呀，这下糟了！"

8月1日，著名的台风又开始在海上大肆暴虐了。

兵船就跟树叶一样地振荡着，陷于恐怖和战果的陆军们的尖叫声，也被猛烈的暴风雨给掩盖了。

等到天亮了一看，海面上到处都是颠覆的兵船、露出水面的船腹、被打得粉碎的船体破片，以及抓着残片，随波逐浪，载浮载沉的半生半死的士兵。

第二次征倭之役，又是一次大失败，幸而获得残生的败兵，搭上了两三只沉寂的破船，才得逃回来。

大王百战百胜的远征军，为什么会这样惨败呢？

主要原因是 8 月 1 日的大台风，但是，使台风能够这样猛烈肆虐的，还是归咎于蒙古军的轻敌躁进。

不久，又发生了可怖的行刺事件。

把长着胡子的人杀掉

1282 年的夏天，在大王移驻上都以后，马可仍然留在大都，等待印度商人的到来。

这次要从印度带来很多红宝石。马可的任务，是从这里面挑选一颗最好的。大王并且特准马可在其余的里面，优先购买他所喜欢的红宝石。

这天，马可和本尼特俩正在院子里踢球玩，杜加台没精打采地走过来。

马可一边把球踢得高高的，一边很快活地问道：

"喂，杜加台，怎么了？你的眼睛滴溜溜地在看什么？"

杜加台向前后左右一看，没有别的人，才低声说：

"香东山的事情。"

"什么，香东山？没听过这个名字呀！"

"嘘，轻点轻点，马可少爷……你不知道人家，但是，人家可很清楚你……就是玩绳子魔术的那个香东山。"

"哦，就是穿着的黑袍子上刺绣着蛇图案的魔术师嘛！有什么事吗？"

"他想杀你。你看出香东山变戏法的秘密，嘲笑了他，他恨死你了。"

"你听谁说的？"

"他的徒弟今天偷偷地跟我讲的。他想把你和印度商人都用毒药毒死，然后夺取宝石。"

马可又大笑道：

"哈哈，笨蛋，如果这样做，马上就会被大王的卫兵抓起来的。"

杜加台又低声说道：

"还不光是这个呢。

这不过是阴谋的一部分。现在城内的蒙古人都在说：

'把长着胡子的汉子都杀掉！'

蒙古人不长胡子。所谓长着胡子的人，就是眼珠子有颜色的人（即眼睛颜色不同的欧洲人和薛儿客速人）的意思。他们都非常嫌恶外国的大臣。"

马可把球丢在地下，说：

"对了，我晓得了，昨天晚上，我在城内也听见蒙古人在传这种谣言。你再仔细跟我讲清楚！"

当时在大王的宫廷里，最有势力的人名叫阿合马，他是中央亚细亚的薛儿客速人。蒙古人虽然很会打仗，征服了很多国家，终于建立了这样伟大的大帝国，但是，政治方面他们简直不行。因此，关于财政上的一切事情，大王都委托这个薛儿客速人去处理。

哪晓得，阿合马利用大王的声威，拼命勒索贿赂，骗取大王的金钱。政府的大官们都结成一党，凡有反对他们的人，就向大王进谗言，把他杀掉。

全国人民最畏惧的，同时也是最憎恨的人，就是这个阿合马。

现在，中国人的计划是想趁大王不在大都的时机，把这些旁若无人的大官们杀掉。

"好的，我明白了。杜加台，你现在立刻就骑驿马，赶到驻跸上都的大王那里，当面报告一切，这样大王或许会立刻派遣军队来。还有……"

马可又向本尼特说道：

"你赶快往南方跑一趟。阴谋团的计划，是打算以携带宝石的印度商人到达本市为暗号，发动叛乱。你在半路上，把印度商人拦截下来，不要他们到大都来，马上把他们带到大王驻跸的上都去。当阴谋团正在空等着印度商人到达的时候，大王的军队或许就会从上都赶来了。"

杜加台和本尼特马上开始准备。

"那么，越快越好喽！城内的钟鸣三响以后，城门都会关起来的。"

"知道了……不过，你呢？"

"我嘛？我现在马上就到阿合马那里去。"

"唉，阿合马是你的敌人呀！"

"我知道。他讨厌我，也曾向大王进谗言，我很清楚他所做的种种。

不过，如果阿合马被刺死了，政府就会垮台，大王的政府也就跟着完蛋。那些中国人他们的口号喊的是什么呢？

'把长着胡子的人杀掉！'

长着胡子的人不仅是薛儿客速人，我们也都是，不，大王也是长着胡子。他们的行刺目标，不仅是阿合马一个人，他们计划连我们也在内，是把这个大帝国打倒。"

说完了，等杜加台和本尼特骑着驿马，出了城门以后，马可自己就在半夜里赶到阿合马的住宅去了。

因为有贪赃枉法得来的金钱，阿合马的邸宅建筑得跟王侯一样，富丽堂皇极了。走进侍者引导的房间一看，阿合马还没有睡。

他正在和一个薛儿客速人掷骰子，马可走进去后，他只是拿那锐利的目光，瞪了他一眼，连请马可坐下都没有说一声。

马可说道：

"我有一件非常机密的事情，想向你报告。"

阿合马才突然笑道：

"哈哈，你腰间挂着剑，居然想单独跟我谈话！混蛋！有什么话，就在这里说吧！"

马可压下怒气，很平静地说：

"你不必害怕我，危险是在别的事情上。"

于是，他把所听到的谣言，全盘说了出来。

"如果不赶快报告火果台警卫长，到时警卫人员恐怕不容易对付呢！"

厚脸皮的阿合马又瞪了马可一眼，说：

"你要说的话，就是这些吗？好的，如果没有别的事情，你现在就回去吧！我还要掷骰子呢！"

以后，又听见骰子掷在银盆里面的滚转声音。马可默不作声地离开了阿合马的邸宅。

血溅宫廷

第二天，本尼特已经将命令传达给印度商人，很快地就回来了。

"好的，只要印度商人不到本市来，那么，我也不必担心会被暗杀。不久，大王的军队一定会赶来的。"

但是大王的军队过了三天，又过了四天，还是没有到。

马可扳着手指头，计算日期，说道：

"不过，从上都出发，本来就很远嘛！无论怎么快……不对，应当在今天晚上到的……"

到了黄昏的时候，使者来了，说道：

"阿合马阁下在大王的宫殿里等候你，真金殿下已经来到了。"

真金殿下就是皇太子。

"那么军队也已经到了，这样大都就可保无虞了。"

马可立刻穿上绣金的红袍，匆忙赶到王宫。在宫殿门口，只看见很多中国人的面孔，但并没有看见军队的影子。

"军队大概是在城门外边住下了吧！"

马可这样想着，随即走进宫里去了。

真金殿下坐在大王的宝座上，仍旧穿着猎装，旁边放着弓箭。殿下脖子上围着金色灿烂的围巾，头戴镶嵌宝石的铁盔，一直戴到眼睛上边。

侍臣在殿下前面，点着闪闪发光的蜡烛。

本尼特在马可耳朵旁边低低地说道：

"真奇怪，殿下的身体本来是很高的嘛！大王每次坐下去，他的头部总是刚刚抵着御座上面浮雕的凤凰；现在，殿下的面孔，怎么距凤凰很远呢？殿下应当比大王还要高些的啊！"

马可抬头一看，真和本尼特所说的一样。

"对了，本尼特，这真令人疑心……你赶快偷偷地溜出去，向火果台警卫长报告去。"

本尼特偷偷地顺着墙壁，溜出大殿，就赶快跑到警卫长那里去了。听了报告后，火果台大叫道：

"什么，殿下到了？谁也没有通过城门嘛！赶快去看看。"

他立刻率领警卫队，赶往宫殿去。

本尼特赶快先跑掉了。

在摇摇晃晃的灯光后面的御座上，坐着皇太子，宫廷的人们跪在他面前。本尼特看见穿着黑袍的香东山和另外一个魔术师在一起，夹杂在人群里面。

殿门口引起了一阵骚动，阿合马进来了。他是一位高个子，很傲慢地走过人群。

殿下的眼睛好像忽然闪耀了一下。

阿合马走向御座，跪在地下叩头，起来走了一步又叩头；连续起来三次，叩了三次头。

殿下的眼睛一直向下瞪着不动，一句话都不说。

那是阿合马第三次跪下叩头的时候，殿下的手指好像啪——地一声响了一下，忽然就有两条黑影飞来，袭击阿合马。

那是香东山和他的同伴秦求。

香东山手里握着的短刀一闪，阿合马连叫都没叫一声，就倒在地下死了。秦求的第二刀，砍在这个薛儿客速人的头上。

坐在御座上的汉子同时拿起弓箭来大声叫道：

"把长着胡子的人都杀掉！"

正在这个时候，飞跑进来的是火果台警卫长。

他一边大叫：

"这是谋反！是谋反！"

一边飕——的一声，一箭向站在御座上边的汉子射去。瞄得很准，一箭就射穿了那个家伙的喉咙，啪啦——地一声，倒在蜡烛上边死了。

铁盔从头上掉了下来，那个汉子的真面目也现出来了；那是个中国人的面孔。

火果台叫道：

"是王著！"

他是从前与阿合马有仇恨的千户长。

火果台大声命令道：

"把殿门关起来，任何人都不准出去。"

马可和本尼特已经从秦求的手里，把短刀夺了下来。香东山和三个蒙古人扭成一团地在打斗，最后，终于把他

制服了。

这时候，听见蒙古兵在宫殿外边的呐喊声。

马可叫道：

"那是杜加台来了！从上都来的军队到了！"

扬州总管

忽必烈大王立刻召见马可，说道："最先把这个大阴谋告诉我、使我能够迅速防止灾难的，不是我们蒙古人，而是外国人马可。"

马可又把阿合马历来的犯罪行为，详细奏闻。大王震怒，说：

"这真是养虎遗患，恩将仇报的人。"

于是，命令将阿合马住宅里所收藏的贪污的财宝，全部加以没收，搬进宫内宝库中，又命令把阿合马的尸体扔去喂狗；同时，命令把模仿他父亲堕落行为的儿子们，处以火刑。

大王嘉奖马可，说道：

"马可，你希望得到什么奖赏，尽管说好了。"

马可考虑了一会儿，说道：

"这一点点的报效，如果您还要奖赏的话，那么，我只有一个心愿。"

"什么心愿呢？"

"我的父亲和叔父年纪都大了，他俩常常说：但愿活着的时候，无论如何要再回威尼斯去看看。大王如能准许我们回国，那就感激不尽了。自然，我将尽可能提早赶回来……"

大王脸上现出严肃的颜色来，说道：

"你为什么提出这桩我唯一办不到的事情呢？你未必是不满意我给你的待遇吧？或者是认为意大利要比中国好些？"

"不，不是的，因为威尼斯是我们的家乡。"

"家乡！你还要说这种话吗？只要蒙古兵的马蹄践踏的地方，只要是蒙古兵的箭射得到的地方，都是我们的家乡。我把那个'竹子宫殿'驮在象背上，可以到任何地方去，到了哪里，哪里就是我们的家乡。"

大王始终不答应马可回国的请求，说道：

"为了奖赏你，现在免除你在宫殿里长久服务，暂时派你到地方上去吧！我知道你是喜欢旅行的。"

不久，大王任命马可为扬州总管。

中国本土当时分为 12 个行省，扬州是在长江下游东北方 24 公里的大都会，是管辖 27 个富裕县市的省会。

四周是一望无际的沃野，市内武器制造业很发达，近郊有大王的大军驻屯。

使中国大平原富裕繁盛的，是黄河和长江两大河流。忽必烈大王命人挖了一条大运河，把这两条大河流联结起来；又把挖运河挖出来的泥土，沿着运河，构筑了一条大道，因此，中国的交通非常便利。

扬州是这条运河上的重要地方。

而且，运河不只这一条，另外在大平原上，像蜘蛛网一样地，开辟了很多小运河。

所谓"南船北马"的情形，确是这样的。

不过，最使马可感觉惊异的，是长江。它的宽度，有些地方 16 公里，有些地方 12 公里，有些地方 10 公里，站在江边一望，虽说是大江，看来就像大海一样。

它在中国大平原当中，悠悠流逝。

从长江上游，坐船到长江出口入海的地方，需要 100 天。长江流域富庶的地方，在 16 处以上，富裕的都市计有两百多个，看到在水上来往船只之多，真是令人惊叹。

马可曾经在真州这个地方，计算了一下来往的船只，在一小时内，计有 1.5 万只，事实是如此。

奉命在长江征收关税的官员说过：

"在一年里面，只算算经过这个地方，开往上游去的船只，就有 20 万艘；这个数目，还没有把沿江而下的船只计算在内呢！

至于这些船只所载运的货物，究竟有多少数量，究竟要值多少钱，那更是不能想象了。"

马可赞叹不止，说道：

"仅这一条大江所聚集的财富，就比欧洲所有一切河流和大海所聚集的还要多得多哩！"

美丽的行在（杭州）

那时候，马可的父亲和叔父住在离扬州不远的行在（现在的杭州）。

马可去探望他们的时候，他们很高兴地说：

"哦！真欢迎你来。"

杭州在风景秀丽的西湖附近，从前是蛮子国（南宋）的京城。如果说汗八里（即大都——就是现在的北京）是政治都市，那么，行在（杭州）就可以算得是中国第一大经济都市。

玛杜叔父笑嘻嘻地说：

"嗯，你要知道，行在的四周共计有 160 公里哩！"

这或许是世界第一的大都会。街道和运河虽然都很宽敞整齐，但是，你无论走到什么地方，都是船呀、马呀、车呀、人呀，吵吵嚷嚷的，拥挤不堪。

面临西湖和钱塘江的杭州，水源丰富，市内到处都是运河，所以，那里的桥也特别多。据说市内大概有一万两千座石桥，这些桥都是高高地架设在运河上面，所以，大船也可以自由地在桥下边通过。

马可说道：

"对了，叔父您从前夸赞的石桥，就是这个吧！"

这种两旁排列着店铺的拱型大石桥，很高，从陆地来往道路看过去，它的倾斜度很巧妙，车辆和马匹都很容易通行。

在杭州的东北方约40公里的地方，就是大海。从南洋和印度来的船舶，都停在那个港湾里。

市内除了街道上到处都排列着店铺以外，还有10个大市场。市场是长800公尺的横条形，前边联结着宽35公尺的大街道。市场背后，有跟这条大街道平行的大运河；沿岸一带，排列着石造的大仓库，里面贮满了由世界各处运来的商品。

无论哪个市场，交通都很便利，每星期三天，都有四五万人聚集在市场里交易。

马可佩服得五体投地，说道：

"真是繁华极了！"

各种鸟肉、兽肉和鱼肉，和各式各样的水果、蔬菜，累累地排列着；又丰富又便宜，真值得惊异。

这种情形，不免使人想到：

"这样糊里糊涂地运来这么多吃的东西，怎么卖得完呢？"

哪晓得，经过不到两三小时，这些东西都卖得精光了。大概是因为人口既多，而且大家也很富裕的关系吧！

市场周围，环绕着高楼，第一层是商店和作坊，一边制造一边贩卖各种东西：香料、药品、服装，连珍珠都有得买的。也有酒铺，经常酿造并贩卖好酒。

市场也是人们游玩的公共娱乐场所；有冷水浴场，也有医生治病和星相卜卦的地区。

马可波罗

无论走到哪里，到处都是人挤人。

玛杜叔父说：

"这一带，可以算是杭州的富豪区了。"

不错，美丽花园式的住宅和各种手工业者的住宅，林立在宽阔的街道两边。

"总而言之，杭州住民都是有钱的人。小商人一旦变成大老板以后，就雇用大批工人，自己绝对不再动手。

老板家里简直跟皇宫一样，富丽堂皇，妻子儿女也跟皇后王子一样，行动优雅，戴着宝石首饰，生活富裕奢侈极了。

嘿！你看！"

朝着玛杜叔父手指的方向一看，一辆装饰华丽的马车跑过来了。那是一辆细长的马车，挂着绸子的窗帘，里面也是丝绸的坐垫，装饰得非常漂亮；是一家五六口人坐在里面。

"那大概是游山玩水回来的吧！他们夏天都是到西湖划船，湖畔到处都建立有红宝塔，有名的古迹多得很。"

大街两旁道路约有 10 公尺宽，都是用石板和砖铺成的，街当中铺的是碎石子。路旁都设有拱形阴沟，雨水可以顺着阴沟流入运河，所以，虽然杭州时常下雨，但路总是干的。

马车是从碎石路上通行。

玛杜叔父说：

"杭州人之所以能够过这种奢侈生活，都是受了和平思想的恩惠。他们都很正直、和蔼、勤快，同住一个地方的人，都能互相帮助，彼此亲睦。"

所以，本地人都很厌恶战争。他们既不知道如何使用武器，家里也不存放刀剑。看到大王的军队，都现出讨厌的脸色。"

马可也深有同感地说：

"人们生活这样富裕，当然是讨厌打仗喽！"

乃颜汗的叛乱

马可波罗做了三年扬州总管以后，又回到大都来了，仍然随侍在忽必烈大王左右。

第二年夏天，随从大王一块儿前往避暑都市上都的时候，宫廷里面忽然热闹了起来。

这种紧张情形，比上次远征日本还要厉害。

大王说：

"马可，战争又发生了，这回带你一块儿去。"

这次是满洲一带的同族人乃颜汗和西方的海都汗勾结，纠合40万大军，发动对忽必烈大王的叛乱，图谋篡夺皇位呢！

忽必烈大王决定：

"立刻出兵，征讨乃颜汗，并亲自率军出征。"

"那么，现在就赶快召集驻屯各地的大军前来。"

"不，这样做会耽搁时间，如果让乃颜汗和海都汗两人的军队，趁机联合起来，那就更不容易镇压了。应当乘敌之不备，仅用近卫军就够了。不要让敌人察觉，马上就把军队配置起来吧！"

36万骑兵和10万步兵在秘密集合，开始准备远征。

士兵用水牛皮制成的铠甲和铁盔武装起来，战马奔驰，急如星火。

到达战场，计需30日的行程——

大王命令三军：

"紧急行军，限20天以内到达战场。"

远征军每人只准携带装着马奶的两个皮袋，装着肉干的一个瓦罐，和遮蔽雨雪的一只小帐篷，此外不得携带其他物品。

吃的东西，仅是用干奶做成的奶粉，把它装在皮囊里，用时可以随便掺水调和。在骑马奔驰的时间内，利用摇晃的力量，使它变成稀粥，这就可当饭吃了。

所以，当他们紧急行军的时候，既不须生火做饭，也不吃肉，还能够实施 10 天的强行军。万一粮食不够，在最紧急的时候，他们还可把骑着的马的血，拿来喝；把马的血管割开，用碗接着马血来喝，喝饱了以后，再把马的血管塞扎起来，血就可止住。

大王的远征军于是越过山海关，像暴风雨一般地，蜂拥进入满洲原野。

此次军事行动，保持绝对的机密。

挑选最精锐的骑兵两百名为先锋部队，在大军的前面，保持两天行程的距离，先行出发。另外在大军的两侧和后面，也分别派出一队骑兵，一面实施警戒，一面行军。

途中万一碰到可疑的人物，立即逮捕。所以，乃颜汗军方面，简直没有注意到这支大军的来袭，完全被奇袭了。

天亮的时候，忽必烈大王已率领全军，在丘陵上边布下阵势，俯瞰乃颜汗驻扎帐篷的平原。

大王指着下边遥远的平原说：

"马可，你看。"

哦，好磅礴的气势呀！

不计其数的帐篷，排列在毫无居民的荒野里。大概还没有警觉到大王的大军已经到来，敌军连步哨都没放出，全体人马还在睡大觉哩！

"大王真是用兵如神。"

"嗯"

忽必烈大王不禁面有骄色地微笑着。

在丘陵上边，并排站着四头大象，它们背上驮着一个巨大的塔楼，上面铺着虎皮垫子，很威严地坐在上面的人，正是忽必烈大王。

两旁竖立着日月形的大王旗旗，轻快地在晨风中飘扬。

马可问：

"大王，趁敌军还在睡觉的时候，我们实行奇袭不好吗？"

"不，王者的军队不做偷偷摸摸的事情。在还未到达此地以前，虽然是秘密行动，但从现在起，我们要堂堂正正地作战……喂，鸣鼓进军吧！"

大王命令一下，巨大的军鼓立刻咚咚地响了起来。

昏睡中的乃颜汗军吓了一大跳。他们在梦中忽然听到军鼓的声音，帐篷内外立刻乱成一团。

"哈哈，干起来了，干起来了！"

马可很有趣地看着，只见敌军有的人一面扣紧铁盔的绳子，一面拿起弓箭，有的人扛着长矛，在帐篷周围，跑来跑去……

不过不愧是蒙古兵，过了一会儿，就很整齐地把武装准备好了，军队也都配置起来了。

忽必烈大军阵内立刻拉起二胡，奏起音乐，全军高唱雄壮的战歌。

敌军阵内也同样发出歌声。

"咚——嘟；咚——嘟；嘟，咚——"

战鼓的声音，响彻云霄。

无论在什么情况之下，在敌军还没有响起战鼓表示应战的时候，习惯上是不得开战的。

尸骨如山，血流成河

我军骑兵队突然扬起灰尘，进攻敌阵。

蒙古兵的武器，主要是弓箭、枪、剑和矛，使用得最多的是弓箭。他们很少冲入敌军阵内，实行白刃战，大都是驰马跑到敌军周围，一会儿东，一会儿西地，飘忽不定地迅速变更位置，边跑边射箭。

看起来，真是伟大壮烈的阵容。

两军射出去的箭，就像下雨般地遮蔽了天日。

在能够看得见的一片荒野上，布满了互相冲杀的兵马。无论我军或敌军阵内，都是大堆的骑兵和步兵，浴血奋战，尸体堆积如山，大有填满原野的情势。

这里，那里，到处都是受了伤的，和快要死的士兵们的痛苦呻吟声，或呜咽、叫喊的声音。

"哎呀！"马可不觉大惊失色。

我军骑兵开始退却了。

"时机到了！追吧！"

敌军以为逮到了好机会，就拼命来追击。

但是，大王仍然是沉着如常，说道：

"那是计策啊！"

果然不错，我军一边退却，一边掉过头来射箭，敌军兵马纷纷倒了下来。这种巧妙的战术，完全跟正面和敌军作战一样。

大王的骑兵队忽然掉转马头，再开始攻击。他们的战马训练有素，完全和猎犬一样，行动敏捷。骑兵大集团都能按照信号，在一瞬之间改变方向。

原野又陷于鼓噪叫嚷的混战中。

"结局，到底是哪边打赢了呢？"

场面太混乱了，马可简直弄不清是怎么一回事。

这种激烈战斗，从早晨起一直打到中午。实际上，敌我两军胜负已很清楚了。

大王目不转睛，沉静地一直注视着战况的进展，最后，终于说道：

"你看，马可，胜利是属于我们的。"

真的是，一直在打来打去，场面一片混乱，也不知在什么时候，敌军已经被我军包围在当中，我军从四面八方，猛烈射击。

"啊，大王，敌军崩溃了！"

敌军大乱，开始东逃西窜。忽必烈的大军则一步一步缩紧包围圈，防止敌军逃走。

过了一会儿，大批俘虏两手被绑在背后，押上丘陵来了。

"大王！乃颜汗也捉来了。"

一看，他是个野心勃勃的30岁左右的年轻小伙子，筋肉隆起，仍然是威风凛凛，不失王者的气派。

现在他也被捆起来了，由一名小兵牵着。

大王不觉把眼睛掉转过去，不忍看，只丢下一句话：

"按照国法，应当处死刑，就用王者的礼仪处决吧！"

"是。"

这种死刑，是在没有人的森林里执行的。那就是用地毡把乃颜汗包裹起来，拼命地晃来晃去，一直等到他死了为止。

这是很残酷的杀人方法，不过，按照蒙古人的礼仪，和大王有血统关系的同族人流的血，是不能让天空和太阳看见的。

战争结束后，大王说：

"怎么样？马可，这就是我们的战争。蒙古人的兵马天下无敌，无论走到什么地方，从来没有打过败仗。"

但是，马可总觉得有些厌恶。想起大都宫殿的壮丽、杭州市街的繁华，都是建筑在这种残酷的战争上，不免引起有什么冷冷的东西钻进胸口一样的感觉，使他凉了半截。

故乡的异客

这些装束奇怪的旅行者，好像很怀
念似的，眺望着威尼斯的黄昏景色。

阔阔真公主

乃颜汗的叛乱，虽然一下子就平定了，但是，与西方各汗同盟的海都汗的叛乱，并不容易压制。

以后，马可奉大王的命令，前往印度旅行。经过一年之久的海上旅行，被海风吹、太阳晒得黝黑。当他进宫谒见大王的时候，想不到碰见波斯的贵公子可甲。

"哦，马可！"

"哦，好久不见，想不到会在这里碰到你！"

两人很亲热地握手。

16 年前，在陶尼斯宫殿举行射金苹果竞赛的往事，就是这位可甲嘛！当时的美少年，现在已经变成漂亮的贵公子了。

"您到这里来，有什么事吗？"

"事情是这样的，那时候的阿儿贡王子，不久以后就继承了王位，他的王后去年逝世了。"

"是的。"

"他希望娶带有大王血统的公主，继任王后，所以派我担任使者前来。忽必烈大王现在已经答应把阔阔真公主下嫁给他。"

哦，从前最爱听有脚蛇故事的公主，如今已经是 17 岁的美丽公主了。

"那么，不久就要出嫁喽！"

"不是的，大王半年前就准许了。由我侍候公主，从大都出发，哪晓得在半路碰到海都汗的叛乱，没有办法通过，不得已，只好转回来再说。我们是在一个月前，又回到这里来的。"

"哦，那您一定碰到很多麻烦了喽！"

马可突然想到一个办法，说道：

"陆路既是这样危险，那您不如改走海路？"

"哎呀！大海啊……要我在波涛汹涌的海上走，那就好像要我穿过有几千支箭乱射乱飞的山谷呢！"

"哈哈，您要知道：您现在是公主的侍从，不能只替自己想啊！我这次奉命到印度，就是从海路回来的；大王的海船非常可靠的。"

马可拼命劝他走海路。

因为波罗一家人，离开威尼斯已经有21年了。他们总在想法子回国去。趁着大王高兴的时候，虽曾请求过好几次，大王都没答应。

而且，如果没有大王的"金牌"，你想携带很多金银财宝，闯过战乱的地方，是完全不可能的。

因此，这次阔阔真公主的出嫁之行，可以说是天赐良机。

如果可甲答应从海路走，那么，过不惯海洋生活的他们，必定很不放心，自然会要求他陪同一块去。

这岂不是波罗一家人归国的最好机会吗？

果然不出所料，情况都照马可所想象的实现了。

可甲立刻进宫谒见，将此事禀奏大王，大王虽然板着面孔，但经波斯王的使者一再地恳求，大王也不便反对了。

"马可，你辛苦一趟吧！把公主送到波斯去。为酬答你起见，你可以回威尼斯去看看，和故乡的人们会会面，然后赶快回来。"

这次大王总算答应了。

波罗一家人于是忙碌了起来。出发的日子快到了，本尼特回到房里，看见尼古拉和玛杜正在忙着缝补旅装。

凡是打算从事长途旅行的人，为免危险，都是把财产换成宝石，把它们缝在旅行衣服的衣领、袖口和接缝等等地方，掩藏起来。

玛杜的针扎到大拇指上了，喊道：

"缝纫的事，我实在不内行……啊，好痛！"

"我来帮忙吧！"

"不，我自己的事情，自己做。"

"尼古拉老爷呢？"

"我已经做完了。"

"那么对不起，我也要把我自己的行李整理一下。"

本尼特回到自己房内，开始清理行李。这和17年前从威尼斯出发的时候一比，真是大不相同。那时候，自己只有换洗衣服的衣包一个，现在，大王赏赐的物品，和自己平常购置的物品，清理起来一看，已经堆得满满一屋子。

玛杜·波罗跟他开玩笑，说道：

"本尼特，光载运你自己这一份行李，恐怕就要包一只船才行呢！"

回乡的旅程

最后打造了13艘大船，都是三根桅杆、可以扬起九块帆的大船，每船船员有250名到260名。

在欧洲造船业中心威尼斯出生的波罗一家人，居然也钦佩不已，说：

"这真是堂皇雄伟的大船哩！"

这只大船队从中国南部海港泉州出发的时候，正是1292年初。

"再会了，大王的国家呀！中国呀！"

马可心想：现在离开以后，什么时候再回来，就不能想象了。对于已住了17年的这块土地，惜别之情不胜依依。船终于开出大海了。

从此以后，是需时两年的长途海上旅行。

沿途很多采取珍珠的人，裸体潜入海底，并爬上长满沉香树的岛上……后来他们为了等候西南季风的到来，在小爪哇岛（即苏门答腊岛）停留了五个月。

鳄鱼出没在森林内的池沼中，大群野象遭受可怖的独角兽（犀牛）的威胁。岛上类似的惊心动魄景象，不断发生着。

在此期间，船队发生疾病，很多水手和乘客都病倒了，阿刺忽汗的使者中，也有两人病死了。幸而还好，可甲和波罗一行人以及阔阔真公主，全部都平安无事。船队通过马六甲海峡，经过锡兰岛以后，再沿着印度洋西海岸行驶，最后，终于抵达波斯的霍儿姆斯港。这已经是两年以后的事情了。

霍儿姆斯港仍旧很热。

马可说：

"这是世界上最讨厌的港。趁着还没有被烤晒成肉干以前，我们赶快走吧！"

到了霍儿姆斯，接得一个坏消息。阿刺忽汗已经病死了，由他的弟弟合都，以摄政王的名义监国。

合都汗用疑惑的眼光，看看大王的"金牌"，说道：

"请你们把阔阔真公主送到哥哥的长子合赞王子那里去吧！"

依照蒙古人的风俗，未成婚的丈夫死后，就应当把新娘送给他的长子。

因此，波罗一行人把公主送到住在国境附近呼罗珊地方的王子那里去。

合赞王子很像他的父亲，是一位身材魁伟、英俊的贵公子。对于可爱的阔阔真公主，可说是天造地设的一对佳偶。

年轻的王子眼里闪烁着喜悦的光辉，握着这位可爱的公主的手。为了取悦公主，王子建造了一座以黄金为柱、备有美丽的丝绸帘子的蒙古包，作为两人的新房。

公主好像忘记了大都的壮丽王宫，很高兴地住进蒙古包里。她大概也和大王一样，只要是蒙古兵铁蹄所到，蒙古兵弓箭所能飞到的地方，都是公主的家乡吧！

当波罗一行正准备出发的时候，传来一个可悲的消息——忽必烈大王逝世了。公主伤心地号啕大哭起来。

马可喃喃地说道：

"这样一来，我就不用再到中国去了。"

在别离的那天，泪眼汪汪的公主，把一个不知是什么的东西，偷偷地塞进了马可的袖子里。

公主低语道：

"请你好好照料它，你们一定会成为好朋友的。"

马可用手摸摸在袖子里面钻来钻去的东西，原来是一条大眼睛、长着一身金黄柔毛的美丽小狗。

这是公主从中国带来的。

马可想把小狗还她，说：

"公主，这不行。没有它，您会寂寞的。"公主并不接受，说：

"它的名字叫皮加可洛，很可爱哩！请你带到威尼斯去吧！一定有人会喜欢它的。"

那天，马可把这只可爱的小狗装在马鞍袋里，骑着马在沙漠中前进的时候，跟本尼特谈道：

"这下子我可以履行对杜纳达小姐的诺言。你不是也答应送她一只小猫的吗？你还没有弄到手呢！"

本尼特大吃一惊，问：

"哦，杜纳达……怎么一回事呀？"

他想了好久才想起来：那是在威尼斯，和马可玩得很熟的那个顽皮的小女孩。

"那个女孩子，现在必定已经嫁到什么地方去了，恐怕早就生了一大群小孩子了……不过，说过的话总得算数！"

到了陶尼斯市以后，本尼特买了一只长着像黑天鹅一样的绒毛、有一对琥珀色眼睛的小猫，说：

"就叫它阔阔真吧！这是一个可爱的名字。"

奇怪的客人

船夫乔班尼一边划着半月形小船，一边叽里咕噜地说：

"今天的客人好奇怪喔！"

他们都穿着破破烂烂的、棕色的、很差劲儿的旅行服装。在这秋老虎的大热天里，还穿着外套，再看他们的头上，有的戴着连帽沿都垮下来的草帽，有的戴着附有斑斑点点痕迹、像个饭碗似的圆帽。

而且，都是从耳朵到下颚一带，留着像狗熊一样的络腮胡子，在威尼斯从来就不曾看见过。

这些奇怪装束的旅行者，好像很怀念似地，眺望着威尼斯的黄昏景色。

在圣马可教堂祷告完以后，这一伙中的一个人——脸上晒得焦黑、留着白胡子的一位老头儿，用带点奇怪土音的威尼斯语说：

"把船划到圣乔班尼运河去。

然后再转弯到圣玛丽纳河拐角的邸宅门前，把船靠岸。"

半月形小船载着这批奇怪的客人，在舟只往来的大运河里划行。

太阳已经沉下去了，暮色渐渐笼罩水上都市，点点灯光开始闪耀排列在岸上的邸宅窗口里，辉映在朦胧的水波中。

钟楼上的灯光，像星星一样地闪烁在天空高处；远远近近，到处传遍了吹笛子、打鼓、敲钟的声音，以及人们叫叫嚷嚷的声音。

从邸宅的美丽庭院里，散发出蔷薇花的轻淡花香，其中夹杂有煎鱼的橄榄油的气味。

正是涨潮的时候，带着大海气味的海水冲击着大理石的台阶。

身穿棕色旅行服的青年喃喃地说道：

"威尼斯仍然是世界上最漂亮的都市呢!"

其余的人，谁也没有反对这句话。

青年大叫一声：

"停!"于是，半月形小船就停在圣玛丽纳河的转角处了。

但是，上边有一座高塔的那扇拱形大门，却黑黝黝的。

胖胖的白发老头啧——地一声咂了一下嘴，说道：

"还是偷懒得很哪! 到晚上连灯都不点。"

身材高大的另外一个老头说：

"恐怕大家都在后面堂屋里吧!"

半月形小船停在波罗邸宅内院的石头台阶旁。本尼特想起来了，少女杜纳达就是在这个台阶上，差一点掉进河里淹死，还是马可救了她的呢。

一行走上台阶。马可从肮脏的口袋里，抓出一把银币拿给船夫，船夫好像吃了一惊，抬头望望他，再三道谢后，才把半月形小船划进黑暗中走了。

波罗邸宅看不到一点灯影子，铁门关得紧紧的。

本尼特拼命打门，又拼命推门，始终没有人答应。

"不会弄错了吧？"

"胡说。"

马可指着头上，在微弱的亮光中，那门上雕刻有三只小鸟，这正是波罗家的标志。本尼特又再继续敲门。

打不开的门

内院的深处，终于有人的声息，一个胖男人拿着火把出来了。

"什么事呀！半夜三更还来吵人！如果是仓库的事情，明天早晨再说吧！土耳其人的旅馆，这附近就有的。"

脾气暴躁的玛杜怒吼道：

"开门来！你是哪个家伙，竟敢关着大门，不准主人进来，岂有此理。我是玛杜，这位是尼古拉老爷，这位是他的儿子马可——我们是刚从中国回来的！"

但是，那胖家伙还是满不在乎地笑着说：

"哈哈，什么，波罗老爷回来了？拿这种借口来骗钱的叫化子，这已经是第七次了。尼古拉老爷和玛杜老爷早在 10 年以前，就死在东方的国家里了。不要胡说八道，连威尼斯话都说不清楚，还来胡搞些什么！"

胖男人爱理不理地，掉转了身子，走上台阶去。

本尼特从背后叫住他，喊道：

“等一会儿，马西拉！”

那家伙大吃一惊，差点把火把撒了手，立刻把脸紧靠着铁门，问道：

“你是谁？是哪个家伙乱喊我的名字？”

“你看，我晓得你的名字呢！”

“哼……大概是在运河一带，从什么人嘴里打听来的吧！”

这回，马可也走向前去，说：

“那么你脸上的伤疤，是怎么搞的呢？你这家伙总还记得：从前你被中国人从半月形小船上摔到水里去，受了伤的时候，是谁把你送到医院，给你治好的呢，不记得了吗？”

马可又再高声提醒他，说：

“马西拉！你算了吧，快把门打开！玛杜弟弟还好吗？还有琵纳婶娘和表弟法里克斯呢？”

厉害的马西拉，这下子才好像被吓唬住了，再不敢那么胡说八道了。他说：

“一家人现在都住在乡下的别墅里，玛杜少爷他打猎去了。所以，这家主人不在的时候，随便让人进来，那还算什么看房子的！”

“但是，主人回来了，不让他进门，岂不是更不像话？”

这时候，父亲尼古拉拉他的袖子，说：

“马可，走！这家伙认为是他的职责所在，老这样扯来扯去也没有用。我们明天再来吧！”

“但是，爸爸，这家伙明明知道，他是故意为难嘛！都已经回到自己家里来了……不过在这附近，总该有人还记得我们吧……”

"不，算了吧！明天再说。反正是旅行了这么多年，也不必争这一晚上，早一点，晚一点，有什么关系……"

正当尼古拉打算和大家一起离开的时候，突然背后有人在叫，是一个女人的声音，她说：

"请等一等！我的名字是琵达丽·巴德尔。今天晚上，我爸爸不在家，就请你们住在我家吧！"

本尼特大吃一惊，掉头看看这个女人。哦，世界上还有这么漂亮的美人吗！一卷一卷金发，垂在刺绣着有珍珠的白衣上面，眼睛是像海一样的深蓝色，晶莹明亮。

一时之间，马可注视着那个女人，后来，脸上渐渐现出微笑，说道：

"哦，哦，是杜纳达吗……喂，我答应你的小狗，我带回来了。"

他一边说，一边从旅行袋里面，把那可爱的小狗拿了出来，放在那个女人的手里。

"你还记不记得我……你不是曾经说过：一辈子都不会忘记的吗？"

杜纳达闪烁着她那美丽的蓝眼珠，安详地说：

"当然记得啰！您从前曾经从水里把我救上来。您是马可·波罗先生。"

灿烂的宝石

接下来的日子里，波罗家热闹得令人眼花缭乱。有很多只很多只小船继续不断地开来了，把琳琅满目的行李搬进仓库。另一方面，市内名士频繁地乘着半月形小船，进进出出前来邀宴。

总而言之，他们出国已经有24年的时光，在这长期旅行中，不仅他们的样子，完全变成蒙古人的风采，就连威尼斯语都结结巴巴地说不清楚了。亲戚们都认不出他们，所以，为了使一般人相信他们就是有名的波罗家里的人，有重新加以介绍的必要。

从中国带回来的各种色彩美丽的丝绸帘子，挂在宴会大厅里面的各处墙壁上；在桌上摆着贵重的金杯银碟，和闪着薄薄光泽的珍贵陶器。

这一天，终于来了。

出现在渐渐聚集起来的大群客人面前的，已经不是前天穿着肮脏旅行服、留着一大堆胡子的三个汉子了。而是依照威尼斯款式，把胡子剃得干干净净的，穿着快要拖到地下、深红色缎子长袍的三位绅士。

当大家就座，在捧出洗手的水盆里洗净了手，开始宴会的时候，波罗一家三个人，脱掉红缎子长袍，换了一身深红色的大马士革出品的锦缎衣服。

"把刚才穿的那套红缎袍子裁断了，分给佣人们吧！"

于是本尼特遵照吩咐，拿着剪刀，把那漂亮的袍子剪断，分赠给佣人们了。

客人们大为惊异，他们的样子，好像在想自己顶好是变成佣人，也可分到一块这种珍奇的缎子，那才好呢！

大家吃过了几道佳肴以后，三个人又走到大厅外边去，这次，换上了一套深色天鹅绒的衣服转回来。

"把刚才那套大马士革的锦缎衣服也剪断了，分赠给佣人们。"

在人们频频的惊异之中，宴会结束了。三位波罗先生，这次换上普通的威尼斯服装，走了出来。

尼古拉·波罗说：

"把刚才穿的天鹅绒衣服也剪断了，分给佣人们……

这是中国宫廷的习俗。"

这时候，餐桌已经清理好了。等待佣人们离开大厅以后，最年轻的马可站起来命令道：

"本尼特，拿一把快刀子来……再把咱们的衣服拿来。"

一看本尼特拿出来的是三套肮脏的旧旅行服装。马可拿起其中一件衣服，很快地把小刀子插进衣服接缝的地方。

人们都紧张地屏住气息，等着看个究竟。

只听见沙——沙——地割开衣服的声音，从衣服里骨碌骨碌地滚出来的，竟是些五光十色的红宝石、蓝宝石、红玉、钻石、翡翠等等，人们所能想象得到的，世界上各式各样的宝石，都在灯光下面，灿烂发光。

有人在叹息，但却没有一个人出声。在这一刹那间，宝石的山在桌子上越堆越高。

把第三件旅行服拆完了以后，马可才把小刀放下，很平静地开始说：

"各位来宾，我想你们之中，不相信——我的父亲、我的叔父和我，我们三个人就是尼古拉、玛杜和马可的大有人在。这也难怪，我们离开威尼斯到中国去的时间太久了。

但是，现在请各位看看，去了 25 年才回来的我们，至少不是讨饭的乞丐，还算符合波罗家的身分，这一点，还请各位明察！"

马可一边说着，一边还瞄了堆积如山的宝石一眼。

有一位老人紧接着说：

"不，我从来没有怀疑过。"

"对了，老头子们不用说了。但是马可先生，我总不至于把您看错的。您跟您的令弟玛杜先生，长得一模一样。"

"不管如何，去了这么久才回来，真是值得庆贺……现在请您给我们个见面礼，把忽必烈大王的故事，讲给我们听听吧！"

马可又在灯光闪耀下的宝石山前面，站了起来，说道："忽必烈大王是世界上最富裕、最伟大、最贤明的人。他虽然拥有几百万侍从人员，支配无数个都市，拥有宝石、骏马、宫殿……难以计数的财富，但是，他仍然是以蒙古兵马蹄所到的地方，蒙古兵弓箭所射到的地方，来作为他的故乡。"

马可讲到这里，被人们纷纷提出的询问打岔了：

"他的宫殿在哪里？"

"中国这个国家是在哪一个方向？"

"蒙古人是不是异教徒？"

马可一一回答他们，然后又开始讲到自己亲眼看到的、中国强盛繁荣的情形，人们都在窃窃私语，议论纷纷。突然听见他们大叫：

"哦，百万富翁嘛！"

"马可百万！"

于是，"百万富翁马可"这个诨名，在威尼斯流行了起来。

克鲁左纳岛海战

这是三年以后的事情。马可已经和杜纳达结了婚，生了一个可爱的女孩子，取名叫法其纳。因为从中国带回了巨大的财富，所以波罗家成了巨富，"百万富翁马可"的名字，不仅在威尼斯市，就是连意大利全国上上下下都知道。

有一天，也是威尼斯富豪的克利斯德前来拜访。

"波罗，要打仗喽！"

"唔，那么，还是吉那哇国的舰队来攻打我们吗？"

"是的。因为威尼斯在前年，曾经焚毁了在亚得里亚海岸一带的吉那哇国的工厂，袭击了阿弗城，并加以掠夺，所以他们决定派出强大的舰队，进入亚得里亚海，向我们报仇。"

"这就是决战了。"

"哼，决战哪！"

当时，争夺世界海上霸权的，只有威尼斯和吉那哇两个大都市。两方面都在地中海拥有大商船队，自东洋各国输入物资，运往欧洲贸易，竞争得很激烈，所以，预料他们迟早必会爆发战争的。

1298 年，吉那哇决定给世仇威尼斯一次大的打击，派遣强大的舰队，侵入亚得里亚海。

这个吉那哇舰队在阿特兰陀湾碰到大风暴，一时陷于溃散。兰巴·杜尼亚提督不得已，只好率领双排桨的大帆船 20 只，开往阿尔巴尼亚沿岸的安其巴里港避难，其他58 只双排桨大帆船，也在这个时候聚拢来了。

不过，还有 16 只船完全失踪了。

威尼斯立刻命令安德烈·端德洛提督，率领有力的舰队，出动作战。马可·波罗在这个端德洛舰队中的一只双排桨大帆船上，担任参谋长的职位。

当时的双排桨大帆船是木造的，船身细长，两舷分别装有长桨 100 支，船员约 250 名。

由于时局动荡不安，所有商船都立刻加以武装，商船马上可以改为军舰。波罗家是威尼斯的富豪，自然必须把自己的一只双排桨大帆船，加入威尼斯舰队，由马可亲自出任参谋长，指挥该舰。

两舰队彼此发现敌踪，是在 9 月 6 日的午后，但是，因为时间已快要接近黄昏了，所以延期到第二天决战。

吉那哇舰队在克鲁左纳岛东端附近，背着沙宾柴洛半岛，布下阵势；威尼斯舰队沿着克鲁左纳岛南侧前进。

吉那哇军舰 78 只，威尼斯 75 只。

在昨晚安德烈提督召开的作战会议中，有人提议：

"提督，这次作战胜利必定是属于我们的。为预防敌军舰队半夜逃走起见，应当派出哨舰，加以监视。"

第二天是 9 月 7 日，太阳终于在东方海上升起来了，战斗随即开始。

夸称优势的威尼斯舰队，采取急袭战术，缴获了敌舰 10 只。

"已经有了好的开始。前进吧！"

但是，他们进展得太猛了，因为太急于立功扬名，因此有几只船搁浅了。其中有一只被吉那哇舰队给夺了去，吉那哇兵跑上船来，驾驶那只被缴获的船，一直冲进威尼斯舰队里面。

"哎呀！我们自己的军舰……"

威尼斯舰队军心动摇，已经放弃战斗的吉那哇军，看见这种情势，又恢复了精神，组成密集队形，大胆地向威尼斯舰队冲过来。

海战又陷入大混战之中。

威尼斯舰队也在拼命作战，吉那哇舰队也在作必死之战。

两舰队损失都很惨重。

正当太阳快要偏西的时候——

"哎呀！"

一看，扯满风帆、向战场疾驰而来的，正是失踪很久的 16 只吉那哇舰队！

因此，胜败已定。双方都已经战得筋疲力竭的时候，新的舰队突然出现，吉那哇军方面，突然士气大振；威尼斯军方面，意志消沉。

威尼斯舰队中，勉强能逃离战场的，也不过几只，其余的全部被敌军缴获；端德洛提督的旗舰也包括在内。

威尼斯舰队被俘虏的人数在 7000 人以上，在被囚禁的俘虏之中，马可·波罗也在内。

著述《东方见闻录》

哦，这未必就是世界最伟大旅行家的穷途末路吧！

曾经住在中国壮丽王宫里，身穿华服美饰，承蒙忽必烈大王恩宠的人，现在被囚在吉那哇的石牢里，为厄运而悲叹。

不过，马可名义上虽是俘虏，但仍然是"百万富翁"，是威尼斯名士，所以仍然可以受到优待。

在他的牢房里面，备有朴素干净的床铺和桌椅。他仍然可以穿着家里送来的衣服，自由地接见来访的客人。吉那哇的绅士们时常跑来，听他讲些有关他的旅行故事。

有一天，有一位同牢的因犯，名叫鲁斯奇开洛的人来访。他是东罗马帝国传奇的作者，是在 14 年前的 1284 年被俘的。一见面他就说：

"渡罗先生，您好！如果有空的话，请您把您那著名的东方旅行的故事讲来听听吧！"

"好的，我跟你讲，因为我们同病相怜。"

“那么，就请您从头讲起，慢慢地讲吧——囚犯的生活，如果只过了两三个月，还无法体会出它的真正味道。像我这个人，在这里已住了14年了，简直把监狱当作故乡，反而可以安静下来呢！”

他表现出一副听天由命、无忧无虑的样子。

从此以后，马可就以他为对象，一点一滴地开始讲他的东方之旅。

名不虚传，鲁斯奇开洛真不愧是《圆桌武士传奇》、《特立斯丹传奇》等等名著的作者，他对于马可·波罗的冒险故事，极感兴趣。

“波罗先生，你既然是冒了这么多的危险，才得来这些宝贵的经验，要是让它埋没无闻，未免太可惜了。不如我们俩合力来把它写成一本书，你看好不好？”

“好呀！可是，如果有记错的地方，那可就不好了。我先叫家人把资料寄来吧！”

于是，马可就写信到威尼斯，叫家人把他从前在旅行的时候所记的笔记簿寄来，正式开始讲这故事。

鲁斯奇开洛就根据这些资料，每天到牢里著述。

半年以后，完成了这一册巨著。

这就是到现在仍为世人所重视的，马可·波罗的《东方见闻录》。

命运这种东西，真是不可思议的。如果马可·波罗没有打败仗，没有成为俘虏，又没有在狱中碰到鲁斯奇开洛的话，那么，他的宝贵见闻也只能口传，不久终将烟消云散了。

打败了，被俘虏了，任何人都不愿意发生这样的事，但是，现在反而因为这种关系，著述了不朽的名著，而对后代历史产生很大的影响。

写完《东方见闻录》后不久，吉那哇和威尼斯于 1299 年 5 月 25 日缔结讲和条约，两军交换俘虏。

马可·波罗也获得释放，回到威尼斯。

在这以后的马可·波罗传记，就不十分清楚了。只知道"百万富翁马可"仍然在威尼斯经营贸易，一直是富裕的家庭。

马可·波罗的名字再次出现，是在 1306 年的事。有一位法国贵族谢波哇藩主迪博，当他在那年到威尼斯的时候，马可·波罗送《东方见闻录》这本书给他。

自 1324 年初，马可·波罗即卧病不起，身体一天比一天虚弱。1 月 9 日，他命人把圣布罗基洛牧师请来，写下了遗嘱。他和妻子杜纳达共生三个女儿，其中两人已嫁。遗嘱主要的内容是有关他的财产处理的事情。

写完遗嘱以后，马可·波罗究竟还活了多久，后人也不知道。或许是因为自己觉得死期已近，所以才预先立下遗嘱吧！

这位伟大的旅行家过了 71 年的波谲云诡的生涯，遗留给后世的，只有这一本《东方见闻录》。但是，这本《东方见闻录》，不仅是联结当时世界——东洋和西洋——的一个纽带，以后，更成为促成哥伦布探险的一大动力，在历史上印下了不朽的足迹。

陆上的马可·波罗。

海上的哥伦布。

一直到现在，他们还是世界上的两大探险家。史坦因和艾登两位著名的探险家，后来在中亚细亚探险的时候，曾经拿着马可·波罗的《东方见闻录》查对，经实地勘查后，认为本书的记录，就 13 世纪的著述而言，是非常正确的。因此，这本书的身价更加提高了。

年　谱

公元纪年	年龄	记　　事
1254		马可·波罗出生于有水上都市之称的威尼斯。世代为贸易商。
1260	6	马可的父亲尼古拉和叔父玛杜，兄弟俩从君士坦丁堡分店，前往钦察汗国的首都撒莱。
1263	9	尼古拉和玛杜终于到达蒙古大帝国的首都上都，谒见忽必烈大王。
1266	12	尼古拉和玛杜拿着忽必烈大王的亲函，自上都出发，赴威尼斯。
1269	15	尼古拉和玛杜虽已到达阿迦城，但因教皇选举未定，所以先回威尼斯家中等候。
1271	17	马可·波罗随着父亲和叔父，自威尼斯出发，一块儿到中国去。 迪博大主教被选为教皇，是为教皇格烈果儿十世。
1274	21	忽必烈大王第一次派兵征伐日本。
1275	22	波罗一行到达大王消夏的都市上都，谒忽必烈大王。马可奉命充任大王侍从。返回大都。
1281	28	忽必烈大王第二次派兵征伐日本。
1282	29	掌握蒙古帝国财政权的阿合马被刺死。

公元纪年	年龄	记　　事
1287	34	乃颜汗勾结海都汗在现在的满洲叛乱，忽必烈大王亲征。
1292	39	波罗一行随从下嫁波斯湾的阔阔真公主，自泉州出发，由海路前往霍尔姆斯。
1294	41	波罗一行抵达霍尔姆斯。
1295	42	马可·波罗回到威尼斯。
1296	43	马可·波罗与琵达丽·巴德尔小姐结婚。
1298	45	威尼斯和吉那哇交战，在克鲁左纳岛海战中战败，马可·波罗被吉那哇军俘虏。
1299	46	马可·波罗在狱中，向"东罗马帝国传奇"作者鲁斯奇开洛口述，著成《东方见闻录》。 威尼斯和吉那哇讲和，马可·波罗获释，回到威尼斯。
1306	53	马可·波罗将《东方见闻录》送给法国贵族谢波哇藩主迪博。
1324	70	1月9日，马可·波罗留下遗嘱，不久即逝世。